\発生要因別でズバリ解説！/

山田滋 著

すぐ取り組める介護施設・事業所の虐待防止対策ブック

発生させない体制づくりから
虐待を疑われないための日常対応のポイントまで

「虐待の疑い」を防ぐ
「原因不明の傷・アザ・骨折への対応マニュアル」
を収録！

第一法規

はじめに

　筆者は介護事故を専門的に研究する立場から、多くの虐待事故の原因調査や防止対策の提言に関わってきました。何度も現場に足を運び、時にはショートステイに泊まりこむなどして調査を重ねます。虐待をしてしまった加害者や同僚から聴取を繰り返すと、徐々に虐待の本当の原因が見えてきます。

　この綿密な調査で見えてくるのは、「虐待事故の背景にある多様な発生要因」です。介護事故と同様、虐待事故も事故原因の改善が防止対策につながりますから、この多様な発生要因を把握することは、虐待防止の具体策を講じる上で、極めて重要な意味があります。

　一方で調査報告書では、施設・法人の管理責任についても調査しなければなりませんから、職員研修や虐待防止対策の実施状況について調査します。すると、管理者や役職者は「職員研修はきちんとやっている。他にこれといった対策は講じていない」と口を揃えて言うのです。

　つまり、「虐待を防ぐのは職員自身の責任であって、施設が業務として防止対策を講じる必要はない」と考えているのです。極論すれば、従来の虐待防止対策は「職員に丸投げされていて、業務として行われていない」ということなのです。

　しかし、虐待の原因は、すべて職員にあるのではなく、むしろ施設や事業所の中にこそ多く存在します。ですから、われわれは、虐待を「事件」ではなく「虐待事故」と呼ぶのです。原因を徹底的に分析し改善できれば、ほとんどの虐待事故を防ぐことができるのです。

　したがって、調査報告書の最後には必ず次のように書いています。「介護事故と同じように、さまざまな職場の要因から虐待事故が発生しているのですから、これらを改善する平常時からの具体的な"虐待防止活動の取組み"が必要です」と。

　本書がすべての高齢者介護施設・事業所の虐待防止対策に、劇的な改善効果をもたらすことを願っています。

2025年1月

山田　　滋

目次

解説編

第1章　高齢者虐待が施設・事業所にもたらすリスク ⋯⋯⋯⋯⋯ 8

 1　高齢者虐待とは⋯⋯⋯⋯⋯⋯⋯⋯⋯⋯⋯⋯⋯⋯⋯⋯⋯⋯⋯ 8

 2　施設・事業所の責務 ⋯⋯⋯⋯⋯⋯⋯⋯⋯⋯⋯⋯⋯⋯⋯⋯⋯ 19

 3　虐待発生の現状と背景 ⋯⋯⋯⋯⋯⋯⋯⋯⋯⋯⋯⋯⋯⋯⋯⋯ 30

 4　虐待防止対策の現状と改善の考え方 ⋯⋯⋯⋯⋯⋯⋯⋯⋯ 41

第2章　現場で取り組む虐待防止策
　　　　──6つのケースで考える虐待発生の原因と対策 ⋯⋯⋯⋯ 52

 1　近年発生している6つのパターンとは？ ⋯⋯⋯⋯⋯⋯⋯ 52

 2　近年発生している6つのパターンの原因と対策 ⋯⋯⋯⋯ 61

  Ⅰ　理性を失って虐待してしまうケース ⋯⋯⋯⋯⋯⋯⋯⋯⋯ 61

  Ⅱ　職場のモラル低下で複数人により虐待するケース ⋯⋯ 73

  Ⅲ　著しく適性を欠く職員が虐待するケース ⋯⋯⋯⋯⋯⋯ 78

  Ⅳ　家族のハラスメントへの反抗から虐待するケース ⋯⋯ 88

  Ⅴ　おもしろ半分の悪ふざけで虐待するケース ⋯⋯⋯⋯⋯ 94

  Ⅵ　センサーマットの頻回なコールが
　　　　　虐待を引き起こすケース ⋯⋯⋯⋯⋯⋯⋯⋯⋯⋯⋯⋯⋯ 99

第3章　虐待事故・「虐待疑い」発生時の対応……………… 106

　1　虐待行為の事実が確実に把握できるケース　…………… 108

　2　本人が虐待されたと訴えているケース ………………… 114

　3　家族が虐待の事実・疑いを訴えているケース ………… 119

　4　第三者が市町村などに通報・告発するケース ………… 122

　5　警察に通報され捜査が開始されるケース……………… 125

第4章　「虐待疑い」を防ぐ原因不明の
**　　　　傷・アザ・骨折への対応**……………… 130

　　　　原因不明の傷・アザ・骨折への対応マニュアル………… 134

事例編

事例1　入浴前の更衣で暴れた入所者に
**　　　　髪をつかまれ手首を強く握った**……………… 148

事例2　夜勤帯に認知症入所者のBPSD対応で
**　　　　押し倒してしまった**……………… 153

事例3　「虐待が犯罪だとは考えていなかった」
**　　　　と語った職員**……………… 158

事例4	入所者に聞こえないように暴言を吐き、 「虐待ではない」と言う職員	161
事例5	入所者の顔写真を加工して楽しむ介護職員、 「虐待だから処分しろ」と言う家族	165
事例6	入所者に坊主頭の被り物を載せて 写真に撮った	170
事例7	転倒回避のために腕を握ったら アザになり虐待の疑い	174
事例8	持病の悪化で受診すると 足のアザを医師が発見し虐待通報	177
事例9	10日間のうちに2回も骨折、 「わざと転ばせている」と苦情申立て	181
事例10	入所者から主任に職員を名指して 「はたかれた」と虐待の訴え	186
事例11	市の介護保険課から 「虐待の通報があった」と電話	192
事例12	「職員からの虐待」というメールによる 匿名の告発クレーム	196

解説編

高齢者虐待が施設・事業所にもたらすリスク

1　高齢者虐待とは

(1) 高齢者虐待の定義

　高齢者虐待の防止、高齢者の養護者に対する支援等に関する法律（以下、「高齢者虐待防止法」という）では、養介護施設従事者等による虐待として、介護施設や介護サービス事業所の職員等が入所者や利用者に対して行う以下の行為を「虐待」と定義しています。
①身体的虐待
　　高齢者の身体に外傷が生じ、又は生じるおそれのある暴行を加えること
②介護・世話の放棄・放任
　　高齢者を衰弱させるような著しい減食又は長時間の放置その他の高齢者を養護すべき職務上の義務を著しく怠ること
③心理的虐待
　　高齢者に対する著しい暴言又は著しく拒絶的な対応その他の高齢者に著しい心理的外傷を与える言動を行うこと
④性的虐待

高齢者にわいせつな行為をすること又は高齢者をしてわいせつな行為をさせること

⑤経済的虐待

高齢者の財産を不当に処分することその他当該高齢者から不当に財産上の利益を得ること

①～⑤の具体例は**表1**の通りです。

なお、高齢者をベッドや車椅子に縛りつけるなど身体の自由を奪う身体拘束等は、介護保険施設・サービスの運営基準により、サービスの提供に当たっては、例外的に入所者の「生命又は身体を保護するため緊急やむを得ない場合を除き」行ってはならないものであり、原則として禁止されています。したがって、適正な手続きを経ていない身体拘束等は、原則として高齢者虐待に該当する行為と考えられます。

身体拘束の具体例は**表2**の通りです。

解説編

表1　高齢者虐待の具体例

区分	具体例
身体的虐待	①暴力的行為[※1] ・平手打ち、つねる、殴る、蹴る ・ぶつかって転ばせる ・入浴時、熱い湯やシャワーをかけてやけどをさせる　など ②本人の利益にならない強制による行為、代替方法を検討せずに高齢者を乱暴に扱う行為 ・医学的診断や介護サービス計画等に位置付けられていない、身体的苦痛や病状悪化を招く行為の強要 ・介護がしやすいよう、職員の都合でベッド等へ抑えつける　など ③「緊急やむを得ない」場合以外の身体的拘束・抑制
介護・世話の放棄・放任	①必要とされる介護や世話を怠り、高齢者の生活環境・身体や精神状態を悪化させる行為 ・褥瘡ができるなど、体位の調整や栄養管理を怠る ・おむつが汚れている状態を日常的に放置している ・健康状態の悪化をきたすような環境に長時間置かせる ・室内にごみが放置されている、鼠やゴキブリがいるなど劣悪な環境に置かせる　など ②高齢者の状態に応じた治療や介護を怠ったり、医学的診断を無視した行為 ・医療が必要な状況にもかかわらず、受診させない、あるいは救急対応を行わない ・処方通りの服薬をさせない、副作用が生じているのに放置している、処方通りの治療食を食べさせない　など ③必要な用具の使用を限定し、高齢者の要望や行動を制限させる行為 ・ナースコール等を使用させない、手の届かないところに置く ・必要なめがね、義歯、補聴器等があっても使用させない　など ④高齢者の権利を無視した行為又はその行為の放置 ・他の利用者に暴力を振るう高齢者に対して、何ら予防的手立てをしていない ・高齢者からの呼びかけに対し「ちょっと待ってね」等と言い、その後の対応をしない ・必要なセンサーの電源を切る　など ⑤その他職務上の義務を著しく怠ること ・施設管理者や主任等が虐待の通報義務や虐待防止措置義務を怠る　など
心理的虐待	①威嚇的な発言、態度 ・怒鳴る、罵る、脅す　など ②侮辱的な発言、態度 ・排せつの失敗や食べこぼしなど老化現象やそれに伴う言動等を嘲笑する ・排せつ介助の際、「臭い」、「汚い」などと言う ・子ども扱いするような呼称で呼ぶ　など

10

第1章　高齢者虐待が施設・事業所にもたらすリスク

区分	具体例
	③高齢者や家族の存在や行為を否定、無視するような発言、態度 ・「意味もなくコールを押さないで」、「なんでこんなことができないの」などと言う ・他の利用者に高齢者や家族の悪口等を言いふらす ・話しかけ、ナースコール等を無視する ・高齢者の大切にしているものを乱暴に扱う、壊す、捨てる　など ④高齢者の意欲や自立心を低下させる行為 ・トイレを使用できるのに、職員の都合を優先し、本人の意思や状態を無視しておむつを使う ・自分で食事ができるのに、職員の都合を優先し、本人の意思や状態を無視して食事の全介助をする　など ⑤心理的に高齢者を不当に孤立させる行為 ・本人の家族に伝えてほしいという訴えを理由なく無視して伝えない ・理由もなく住所録を取り上げるなど、外部との連絡を遮断する ・面会者が訪れても、本人の意思や状態を無視して面会させない 　　　　　　　　　　　　　　　　　　　　　　　　　　　　など ⑥その他 ・車椅子での移動介助の際に、速いスピードで走らせ恐怖感を与える ・自分の信仰している宗教に加入するよう強制する ・入所者の顔に落書きをして、それをカメラ等で撮影し他の職員に見せる　など
性的虐待	本人への性的な行為の強要又は性的羞恥心を催すあらゆる形態の行為 ・性器等に接触したり、キス、性的行為を強要する ・性的な話を強要する（無理やり聞かせる・話させる） ・わいせつな映像や写真を見せる ・本人を裸にする、又はわいせつな行為をさせ、映像や写真に撮る。撮影したものを他人に見せる　など
経済的虐待	本人の合意なしに[2]、又は、判断能力の減退に乗じ、本人の金銭や財産を本人以外のために消費すること。あるいは、本人の生活に必要な金銭の使用や本人の希望する金銭の使用を理由なく制限すること ・事業所に金銭を寄付・贈与するよう強要する ・金銭・財産等の着服・窃盗等（高齢者のお金を盗む、無断で使う、処分する、無断流用する、おつりを渡さない） ・立場を利用して、借金を申し込む　など

※1　刑法上の「暴行」と同様、高齢者の身体に接触しなくても、高齢者に向かって危険な行為や身体に何らかの影響を与える行為があれば、身体的虐待と判断することができる。

※2　認知症などで金銭管理状況や使途について理解の上で同意する能力がない場合や、養護者または親族との関係性・従属性や従来の世帯の状況から、異議を言えず半ば強要されている場合等があるため、慎重な判断が必要。

出典：『市町村・都道府県における高齢者虐待への対応と養護者支援について（令和5年3月改訂）』、厚生労働省、2023年　より一部抜粋・改変

解説編

表2　身体拘束の具体例（「身体拘束ゼロ作戦推進会議」による身体拘束の禁止11項目）

1	徘徊しないように、車椅子や椅子、ベッドに体幹や四肢をひも等で縛る
2	転落しないように、ベッドに体幹や四肢をひも等で縛る
3	自分で降りられないように、ベッドを柵（サイドレール）で囲む
4	点滴・経管栄養等のチューブを抜かないように、四肢をひも等で縛る
5	点滴・経管栄養等のチューブを抜かないように、又は皮膚をかきむしらないように、手指の機能を制限するミトン型の手袋等をつける
6	車椅子や椅子からずり落ちたり、立ち上がったりしないように、Y字型抑制帯や腰ベルト、車椅子テーブルをつける
7	立ち上がる能力のある人の立ち上がりを妨げるような椅子を使用する
8	脱衣やおむつはずしを制限するために、介護衣（つなぎ服）を着せる
9	他人への迷惑行為を防ぐために、ベッドなどに体幹や四肢をひも等で縛る
10	行動を落ち着かせるために、向精神薬を過剰に服用させる
11	自分の意思で開けることのできない居室等に隔離する

出典：「身体拘束ゼロへの手引き」、厚生労働省「身体拘束ゼロ作戦推進会議」、2001年より抜粋

(2)「不適切なケア」とは

　不適切なケアとは、虐待や身体拘束の定義にはあてはまらないものの、虐待や身体拘束につながるおそれのあるケアのことを指します。具体例は**表3**の通りです。

　虐待や身体拘束の未然防止を図るためには、「不適切なケア」の段階での発見と対応が重要となります。

第1章　高齢者虐待が施設・事業所にもたらすリスク

表3　不適切なケアの具体例

ひもやベルト使用はないが、低いイスで立ち上がりにくいようにずっと広いフロアーに座りっぱなしにされている
毛布にカウベルのような大きな鈴を付け、入所者が動いたら音が鳴るようにしておく
階段の入口に二重にソファを置いて使用しにくくする
個室のドアに「のぞき窓」がついており、指摘しても改善されない
事務室から利用者の動きがわかるようにフロアーに監視カメラを設置
目の前でどんぶりにハサミを入れうどんを切る
認知症の利用者が、口を開けないからと、鼻をつまみ食事介助をする
食事介助の際に言葉かけをせず、複数の利用者の口に順番に自動的にスプーンで食物を入れている
職員が水分補給を促すとき、なかなか飲まない利用者に「これ飲まなかったら、次の食事はあげません」と言う
注射器のような物で、無理やり食事を口に入れる
食事の際、ごはんに薬を混ぜている
入浴後バスタオル1枚かけ、肌が露出したまま廊下を移動させる
浴室前の脱衣室のドアを開けたままで着替えさせる
入浴時、裸の状態で順番待ちをさせる
利用者が尿意を職員に訴えるも「おむつをしているのだから、そこにしてください」と返答する
トイレ終了を伝えても聞こえないふりをし、トイレに迎えに来ない
他の利用者が居るホールのベッドでおむつ交換をする
トイレで排せつしたい入所者に「次は何時です」と言い、すぐにトイレに連れて行かない
トイレ介助の際にドアを開けたままで長時間、利用者を放置する

出典：平成28年度老人保健事業推進費等補助金（老人保健健康増進等事業分）『身体拘束及び高齢者虐待の未然防止に向けた介護相談員の活用に関する調査研究事業　報告書』、特定非営利活動法人地域ケア政策ネットワーク 介護相談・地域づくり連絡会、2017年　より引用して作成

13

解説編

（3）人格尊重義務・忠実業務違反

　虐待の前段階にはグレーゾーンや不適切なケアがあり、「虐待防止には不適切なケアをなくす取組みが重要である」と言われています。「ハインリッヒの法則」ではありませんが、虐待防止のためにその前の段階で食い止めるというのはとてもよいことです。では、不適切なケアは虐待ではないから、どんな規律にも違反しないのでしょうか？　実は、介護職員には職業倫理に基づく一般人とは異なる一段高い義務が課せられているのです。

①不適切なケア・不適切な行為は規律違反

　最近では、認知症の入所者や利用者の人格を損なうような行為を職員が行ったために、市町村から虐待認定を受けるケースが増えています。次のような事例です。

- ・認知症の利用者の頭にリボンをたくさん結んで、撮影してブログにアップした
- ・レクで嫌がる認知症の利用者の手を押さえて頭に坊主頭のカツラを載せて写真に撮った
- ・利用者の顔をスマホで撮影して顔写真をスマホで加工して遊んだ
- ・傷やアザがないことを確認するため、施設入所者80名を裸にして写真撮影した

　これらの入所者や利用者の人格を損なう（尊厳を傷付ける）行為は、高齢者虐待防止法の虐待の定義に当てはまりませんから、厳密には虐待行為ではなく「人格尊重義務・忠実業務違反」に該当します[1]。

14

人格尊重義務・忠実業務違反とは、介護保険法により介護施設・事業所や従業者に課された義務で、例えば、指定介護老人福祉施設の場合、次のような条文で規定されています。

> 介護保険法第88条第6項
> 　指定介護老人福祉施設の開設者は、要介護者の人格を尊重するとともに、この法律又はこの法律に基づく命令を遵守し、要介護者のため忠実にその職務を遂行しなければならない。

　この人格尊重義務・忠実業務違反には、もちろん虐待や身体拘束も含まれますが、その定義の範囲は広く「入所者や利用者の人格を損なう行為」は、まさしくこの定義に当てはまるのです。図にすると図1のようになります。

図1　介護職員の規律違反行為の種類

　図1の通り、虐待や身体拘束のほとんどが犯罪行為になりますし、

解説編

入所者や利用者の人格を損なうような不適切なケアや不適切な言動は
不法行為（人権侵害）や人格尊重義務違反となります。留意すべきは、
この人格尊重義務は施設・事業所とその従業者のみが対象となる義務
だということです[2]。つまり、「立場の弱い要介護高齢者の権利を守
るための職業倫理に基づく義務」と言えます。この、人格尊重義務違
反は指定取消しなどの行政処分という、事業者に対する厳しい罰則に
つながりますから、施設や事業所の管理者はもっと意識しなければな
りません。

※1　市町村による虐待認定は、高齢者虐待防止法制定以前は各市町村の判断で虐待かどうかを
　　判断していました。しかし、高齢者虐待防止法で虐待の定義が定められましたから、本来市
　　町村の虐待認定もこの定義に従わなくてはなりません。
※2　正確には「義務の履行が確保されるよう（中略）業務管理体制を整備しなければならない（介
　　護保険法第115条の32第1項）」と、事業者の義務とされています。

②どのような行為がどのような規律に違反するのか

　虐待行為で入所者・利用者に暴行すれば、暴行罪や傷害罪などの犯
罪行為として厳しい罰則があることは誰でも知っています。しかし、
介護職員としての職業倫理はもっとレベルが高いのですから、「おもし
ろ半分の悪ふざけ」では済まないことがたくさんあります。職員研修
では、どのような不適切なケア・不適切な言動がどのような規律に違
反するのかをきちんと教育しなければなりません。

　前出の4つの事例で考えてみましょう。

・認知症の利用者の頭にリボンをたくさん結んで、撮影してブロ
　グにアップした
　➡利用者の人格を損なう行為なので「人格尊重義務・忠実業務
　　違反」となる
　➡本人の了解なく容姿を撮影することはプライバシーの侵害で

16

「不法行為」となる

➡本人の了解なくブログに容姿をアップすることは個人情報保護法違反となる

・レクで嫌がる認知症の利用者の手を押さえて頭に坊主頭のカツラを載せて写真に撮った

➡嫌がる利用者の手を押さえて強要する行為は虐待行為であり暴行罪となる可能性がある

➡利用者の人格を損なう行為なので「人格尊重義務・忠実業務違反」となる

➡本人の了解なく容姿を撮影することはプライバシーの侵害で「不法行為」となる

・利用者の顔をスマホで撮影して顔写真をスマホで加工して遊んだ

➡利用者の人格を損なう行為なので「人格尊重義務・忠実業務違反」となる

➡本人の了解なく容姿を撮影することはプライバシーの侵害で「不法行為」となる

・傷やアザがないことを確認するため、施設入所者80名を裸にして写真撮影した

➡本人の了解なく容姿を撮影することはプライバシーの侵害で「不法行為」となる

詳しくは本書の事例編でも説明しますが、どのような行為がどのよ

解説編

うな規律（規範）に違反するのかをきちんと教えることで不適切なケア（言動）＝人格尊重義務違反行為をなくすという取組みが重要となります。

2 施設・事業所の責務

(1) 法令に定められている施設・事業所の責務

①介護保険法

1(3)で述べたとおり、介護保険法に規定する全施設・サービス事業所において「人格尊重義務」が課せられています。

この義務への違反、すなわち、高齢者虐待防止法に基づき市町村が虐待の認定を行った場合若しくは高齢者虐待等により利用者等の生命または身体の安全に危害を及ぼしている疑いがあると認められた場合には、介護保険法による行政処分として、指定の取消し又は、指定の全部若しくは一部の効力停止の対象となります（介護保険法92条1項4号・10号）。

②高齢者虐待防止法

高齢者虐待防止法では、介護施設・事業所の設置者等に対し、高齢者虐待の防止等のための措置を講ずることを義務付けています。

> 高齢者虐待防止法第20条
>
> 　養介護施設の設置者又は養介護事業を行う者は、養介護施設従事者等の研修の実施、当該養介護施設に入所し、その他当該養介護施設を利用し、又は当該養介護事業に係るサービスの提供を受ける高齢者及びその家族からの苦情の処理の体制の整備その他の養介護施設従事者等による**高齢者虐待の防止等のための措置**を講ずるものとする。

また、介護施設・事業所の職員に対し、施設や事業所で虐待を受け

解説編

た高齢者を発見した場合の通報義務を規定しています。

> **高齢者虐待防止法第21条第1項**
>
> 　養介護施設従事者等は、当該養介護施設従事者等がその業務に従事している養介護施設又は養介護事業（当該養介護施設の設置者若しくは当該養介護事業を行う者が設置する養介護施設又はこれらの者が行う養介護事業を含む。）において業務に従事する養介護施設従事者等による高齢者虐待を受けたと思われる高齢者を発見した場合は、速やかに、これを市町村に通報しなければならない。

　これらの義務を怠った場合、指定の取消し又は、指定の全部若しくは一部の効力停止の対象となります（介護保険法92条1項10号、介護保険法施行令35条の5第25号）。

③各サービスの運営基準

　各介護保険施設・サービスの運営基準（基準省令）に虐待防止規定が創設され、2021年4月1日より施行されています。

《介護老人福祉施設の例》

> **指定介護老人福祉施設の人員、設備及び運営に関する基準第35条の2**
>
> 　指定介護老人福祉施設は、虐待の発生又はその再発を防止するため、次の各号に掲げる措置を講じなければならない。
>
> 1　当該指定介護老人福祉施設における虐待の防止のための対策を検討する委員会（テレビ電話装置等を活用して行うことができるものとする。）を定期的に開催するとともに、その結果について、介護職員その他の従業者に周知徹底を図ること。
>
> 2　当該指定介護老人福祉施設における虐待の防止のための指針を整備すること。

3　当該指定介護老人福祉施設において、介護職員その他の従業者に対し、
　　虐待の防止のための研修を定期的に実施すること。
4　前三号に掲げる措置を適切に実施するための担当者を置くこと。

以下、介護老人福祉施設を例に、運営基準の解釈通知（平成12年3月17日老企第43号）をもとに、第1号から第4号までを解説します。

①虐待の防止のための対策を検討する委員会（第1号）
　運営基準の解釈通知では、虐待の防止のための対策を検討する委員会は以下の通り規定されています。

　　「虐待の防止のための対策を検討する委員会」（以下「虐待防止検討委員会」という。）は、虐待等の発生の防止・早期発見に加え、虐待等が発生した場合はその再発を確実に防止するための対策を検討する委員会であり、管理者を含む幅広い職種で構成する。構成メンバーの責務及び役割分担を明確にするとともに、定期的に開催することが必要である。また、施設外の虐待防止の専門家を委員として積極的に活用することが望ましい。一方、虐待等の事案については、虐待等に係る諸般の事情が、複雑かつ機微なものであることが想定されるため、その性質上、一概に従業者に共有されるべき情報であるとは限られず、個別の状況に応じて慎重に対応することが重要である。

　委員会における検討事項は以下のとおりです。
　a　虐待防止検討委員会その他施設内の組織に関すること
　b　虐待の防止のための指針の整備に関すること
　c　虐待の防止のための職員研修の内容に関すること
　d　虐待等について、従業者が相談・報告できる体制整備に関する

解説編

こと

e 従業者が虐待等を把握した場合に、市町村への通報が迅速かつ適切に行われるための方法に関すること

f 虐待等が発生した場合、その発生原因等の分析から得られる再発の確実な防止策に関すること

g fの再発の防止策を講じた際に、その効果についての評価に関すること

②虐待の防止のための指針の項目（第2号）

「虐待の防止のための指針」には、次のような項目を盛り込みます。

a 施設における虐待の防止に関する基本的考え方

b 虐待防止検討委員会その他施設内の組織に関する事項

c 虐待の防止のための職員研修に関する基本方針

d 虐待等が発生した場合の対応方法に関する基本方針

e 虐待等が発生した場合の相談・報告体制に関する事項

f 成年後見制度の利用支援に関する事項

g 虐待等に係る苦情解決方法に関する事項

h 入所者等に対する当該指針の閲覧に関する事項

i その他虐待の防止の推進のために必要な事項

③虐待の防止のための従業者に対する研修（第3号）

職員等への研修について、解釈通知では以下の通り規定しています。

従業者に対する虐待防止のため研修の内容としては、虐待等の防止に関する基礎的内容等の適切な知識を普及・啓発するものであるとともに、当

該指定介護老人福祉施設における指針に基づき、虐待の防止の徹底を行うものとする。

職員教育を組織的に徹底させていくためには、当該指定介護老人福祉施設が指針に基づいた研修プログラムを作成し、定期的な研修（年2回以上）を実施するとともに、新規採用時には必ず虐待の防止のための研修を実施することが重要である。

また、研修の実施内容についても記録することが必要である。研修の実施は、施設内での研修で差し支えない。

これらから想定される研修内容は、以下のようなものがあります。

・虐待の通報義務について

・虐待の種類

・不適切なケアについて

・虐待の背景要因

なお、施設・サービス種別と委員会・研修については**表4**を参照してください。

表4　施設・サービス種別と委員会・研修（例）

	研修	委員会
介護老人福祉施設 介護老人保健施設 介護医療院	新規採用＋年2回	回数に指定なし
特定施設入居者生活介護	新規採用＋年2回	回数に指定なし
訪問介護	新規採用＋年1回	回数に指定なし
通所介護	新規採用＋年1回	回数に指定なし
認知症対応型共同生活介護	新規採用＋年2回	回数に指定なし

解説編

④虐待の防止に関する措置を適切に実施するための担当者（第４号）

虐待防止のための体制として、前記①から③までの措置を適切に実施するため、担当者を置きます。

担当者としては、虐待防止検討委員会の責任者と同一の従業者が務めることが望ましいとされています。

なお、虐待防止措置担当者のほか、身体的拘束等適正化担当者、褥瘡予防対策担当者、感染対策担当者など、同一施設内での複数担当の兼務や他の施設・事業所等との担当の兼務については、担当者としての職務に支障がなければ差し支えありませんが、日常的に兼務先の各事業所内の業務に従事しており、入所者や施設の状況を適切に把握している者など、各担当者としての職務を遂行する上で支障がないと考えられる者を選任する必要があります。

（2）近年の動向

①令和６年度介護報酬改定

令和６年度介護報酬改定では、「高齢者虐待防止措置未実施減算」が新設されました。

運営基準に規定された高齢者虐待防止のための措置を実施していない場合に、所定単位数の100分の１に相当する単位数が減算されます。

対象となるのは、居宅療養管理指導と特定福祉用具販売を除く、すべての介護サービス事業者です。なお、福祉用具貸与については2027年３月末までの経過措置期間が設けられています。

虐待の発生及び再発を防止するための次の措置が**講じられていない場合**に減算となります。

24

> ・虐待の防止のための対策を検討する委員会（テレビ電話装置等の活用可能）を定期的に開催するとともに、その結果について、従業者に周知徹底を図ること
> ・虐待の防止のための指針を整備すること
> ・従業者に対し、虐待の防止のための研修を定期的に実施すること
> ・上記措置を適切に実施するための担当者を置くこと

　虐待が発生していなくても、虐待の発生及び再発を防止するための上記すべての措置が講じられていない事実が生じた場合、速やかに改善計画を都道府県知事に提出した後、事実が生じた月[※]から3カ月後に改善計画に基づく改善状況を都道府県知事に報告し、**事実が生じた月の翌月から改善が認められた月までの間について、入所者・利用者の全員について所定単位数から減算されます。**

　なお、改善計画の提出の有無に関わらず、事実が生じた月の翌月から減算され、当該減算は、施設・事業所から改善計画が提出され、事実が生じた月から3カ月以降に計画に基づく改善が認められた月まで継続します。

※　運営指導において、過去における高齢者虐待防止措置の未実施が認められた場合であっても、運営指導で行政機関がそれを発見した日の属する月が「事実が生じた月」となります。この減算の仕組みが他の減算の仕組みと違い、未来に向かって運用の改善を促すことが最大の目的だからです。
　したがって、過去に遡及して当該減算を適用することはできず、また、速やかに提出することになる「改善計画」も、あくまで今後の「計画」であることから、遡っての提出はできないことに注意が必要です。

　これらの講ずべき措置の内容については、（1）③を参照のうえ、各施設・事業所で適切に取り組む必要があります。また、運営指導においては、これらの措置を実施した記録が確認され、記録が確認できなければ減算の適用となるので、必ず実施の記録を残しましょう。

解説編

②老健局長通知「介護保険施設等の指導監督について」（令和4年3月31日老発0331第6号、令和6年3月26日一部改正）

通知「介護保険施設等の指導監督について」の発出により、「介護保険施設等指導指針」に運営指導から監査への変更の契機として、高齢者虐待等に関する事項が加わりました。

第6　監査への変更

　運営指導を実施中に以下に該当する状況を確認した場合は、運営指導を中止し、直ちに「介護保険施設等監査指針」に定めるところにより監査を行い、事実関係の調査及び確認を行うものとする。

1　都道府県知事及び市町村長が定める介護給付等対象サービスの事業の人員、施設及び設備並びに運営に関する基準に従っていない状況が著しいと認められる場合又はその疑いがあると認められる場合

2　介護報酬請求について、不正を行っていると認められる場合又はその疑いがあると認められる場合

3　不正の手段による指定等を受けていると認められる場合又はその疑いがあると認められる場合

4　高齢者虐待等により、利用者等の生命又は身体の安全に危害を及ぼしていると認められる場合又はその疑いがあると認められる場合

また、「介護保険施設等監査指針」には、2021年の運営基準の改正により虐待防止に関する事項が盛り込まれたことを踏まえて、監査方針として人格尊重義務違反が明記されました。

第1章　高齢者虐待が施設・事業所にもたらすリスク

> **第2　監査方針**
>
> 　監査は、（中略）又は介護給付等対象サービスの利用者又は入所者若しくは入居者（以下「利用者等」という。）について高齢者虐待の防止、高齢者の養護者に対する支援等に関する法律（平成17年法律第124号）（以下「高齢者虐待防止法」という。）に基づき市町村が虐待の認定を行った場合若しくは高齢者虐待等により利用者等の生命又は身体の安全に危害を及ぼしている疑いがあると認められる場合（以下「人格尊重義務違反」という。）において、都道府県又は市町村が、当該介護保険施設等に対し報告若しくは帳簿書類の提出若しくは提示を命じ、出頭を求め、又は当該職員に関係者に対して質問させ、若しくは当該介護保険施設等に立ち入り、その設備若しくは帳簿書類その他の物件の検査（以下「立入検査等」という。）を行い、事実関係を的確に把握し、公正かつ適切な措置を採ることを主眼とする。

> **第3　監査対象となる介護保険施設等の選定基準**
>
> 　監査は、下記に示す情報を踏まえて、指定基準違反等又は人格尊重義務違反の確認について必要があると認める場合に立入検査等により行う。
>
> 1　要確認情報
> （1）通報・苦情・相談等に基づく情報
> （2）市町村が、高齢者虐待防止法に基づき虐待を認定した場合又は高齢者虐待等により利用者等の生命又は身体の安全に危害を及ぼしている疑いがあると認められる情報
> （以下略）

③介護保険法施行規則の改正

　2024年10月に介護保険法施行規則が改正・施行され、介護サービス情報公表制度へ虐待関連項目が追加されました。すなわち、介護サービス事業者が都道府県知事に報告すべき事項のうち、すべてのサー

解説編

ビスにおいて報告すべき共通事項として、次の2つの事項が追加され
ました。

---

① 利用者等の人権の擁護、虐待の防止等のための取組みの状況
② 身体的拘束その他入居者の行動を制限する行為等の適正化の
　ための取組みの状況

---

　②については、訪問介護や通所介護等では改正前より報告すべき事
項となっていましたが、今回の改正ですべてのサービスに報告が義務
付けられました。

介護保険法施行規則第140条の47
　法第115条の35第3項の厚生労働省令で定める介護サービス情報（同条第
1項に規定する介護サービス情報をいう。以下同じ。）は、別表第1及び別表
第2に掲げる項目に関する情報とする。

介護保険法第115条の35
　3　都道府県知事は、第1項の規定による報告に関して必要があると認め
　るときは、当該報告をした介護サービス事業者に対し、介護サービス情
　報のうち厚生労働省令で定めるものについて、調査を行うことができる。

介護保険法施行規則　別表第2（第140条の45、第140条の47関係）
　第1　略
　第2　介護サービスを提供する事業所又は施設の運営状況に関する事項
　　1　適切な事業運営の確保のために講じている措置
　　イ　共通事項
　　　（1）　従業者等に対する従業者等が守るべき倫理、法令等の周知
　　　　　　等の実施の状況

（2） 計画的な事業運営のための取組の状況

（3） 事業運営の透明性の確保のための取組の状況

（4） 事業所等の財務状況

（5） 介護サービスの提供に当たって改善すべき課題に対する取組の状況

以下　略

なお、老人福祉法施行規則でも同様の改正が行われています。

解説編

3　虐待発生の現状と背景

（1）虐待発生件数の推移

　2024年12月に厚生労働省が公表した『令和5年度「高齢者虐待の防止、高齢者の養護者に対する支援等に関する法律」に基づく対応状況等に関する調査結果』によると、養介護施設従事者等（介護老人福祉施設、居宅サービス事業等の業務に従事する者）による高齢者虐待について、市町村への相談・通報件数は、3,441件で、前年度より646件（23.1％）増加し、過去最多となりました。また、虐待であると認められた件数は、1,123件で、前年度より267件（31.2％）増加し、こちらも過去最多を記録しています。

表5　高齢者虐待の判断件数、相談・通報件数（令和4年度対比）

	養介護施設従事者等[1]によるもの		養護者[2]によるもの	
	虐待判断件数[3]	相談・通報件数[4]	虐待判断件数[3]	相談・通報件数[4]
令和5年度	1,123件	3,441件	17,100件	40,386件
令和4年度	856件	2,795件	16,669件	38,291件
増減（増減率）	267件（31.2％）	646件（23.1％）	431件（2.6％）	2,095件（5.5％）

※1　介護老人福祉施設など養介護施設又は居宅サービス事業など養介護事業の業務に従事する者
※2　高齢者の世話をしている家族、親族、同居人等
※3　調査対象年度（令和5年4月1日から令和6年3月31日）に市町村等が虐待と判断した件数（施設従事者等による虐待においては、都道府県と市町村が共同で調査・判断した事例及び都道府県が直接受理し判断した事例を含む。）
※4　調査対象年度（同上）に市町村が相談・通報を受理した件数

出典：『令和5年度「高齢者虐待の防止、高齢者の養護者に対する支援等に関する法律」に基づく対応状況等に関する調査結果』厚生労働省、2024年

第 1 章　高齢者虐待が施設・事業所にもたらすリスク

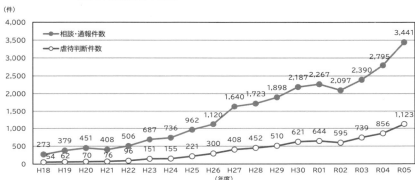

図 2　養介護施設従事者等による高齢者虐待の相談・通報件数と虐待判断件数の推移

出典：表 5 に同じ

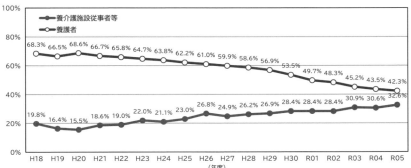

図 3　虐待の相談・通報件数に占める虐待判断件数割合の推移

出典：表 5 に同じ

相談・通報者の内訳を見ると、当該施設職員1,125件（28.7％）が最も多く、次いで当該施設管理者等654件（16.7％）、家族・親族595件（15.2％）の順で多くなっており、当該施設の元職員293件（7.5％）からの相談・通報もありました。また、匿名を含む出所不明の相談・通報も205件（5.2％）ありました（複数回答）。

31

解説編

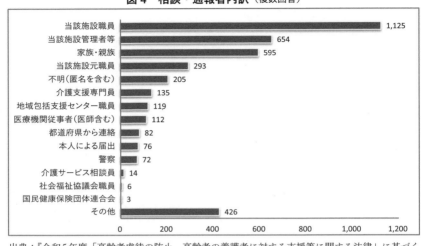

図4　相談・通報者内訳（複数回答）

出典：『令和5年度「高齢者虐待の防止、高齢者の養護者に対する支援等に関する法律」に基づく対応状況等に関する調査結果』をもとに著者作成

　虐待の種別は、身体的虐待の割合が最も高く51.3％で、次いで心理的虐待（24.3％）、介護等放棄（22.3％）、経済的虐待（18.2％）、性的虐待（2.7％）の順に多くなっています（複数回答）。

　虐待の発生要因は、「虐待を行った職員の課題」区分に含まれる項目が上位を占め、同区分内「職員の虐待や権利擁護、身体拘束に関する知識・意識の不足」が77.2％で最も多く、次いで「職員のストレス・感情コントロール」が67.9％、「職員の倫理観・理念の欠如」が66.8％、「職員の性格や資質の問題」が66.7％、「職員の高齢者介護や認知症ケア等に関する知識・技術不足」が63.6％でした。

　施設・事業所の種別では、特別養護老人ホームの割合が最も高く31.3％で、有料老人ホーム（28.0％）、認知症対応型共同生活介護（グループホーム）（13.9％）の順となりました。

第1章　高齢者虐待が施設・事業所にもたらすリスク

表6　虐待の発生要因（複数回答）

		件数	割合（%）
運営法人（経営層）の課題	経営層の現場の実態の理解不足	513	45.7
	業務環境変化への対応取組が不十分	347	30.9
	経営層の虐待や身体拘束に関する知識不足	344	30.6
	経営層の倫理観・理念の欠如	212	18.9
	不安定な経営状態	89	7.9
	その他	35	3.1
組織運営上の課題	職員の指導管理体制が不十分	693	61.7
	虐待防止や身体拘束廃止に向けた取組が不十分	675	60.1
	チームケア体制・連携体制が不十分	635	56.5
	職員研修の機会や体制が不十分	558	49.7
	職員が相談できる体制が不十分	519	46.2
	業務負担軽減に向けた取組が不十分	464	41.3
	職員同士の関係・コミュニケーションが取りにくい	454	40.4
	事故や苦情対応の体制が不十分	393	35.0
	高齢者へのアセスメントが不十分	361	32.1
	介護方針の不適切さ	278	24.8
	開かれた施設・事業所運営がなされていない	278	24.8
	その他	40	3.6
虐待を行った職員の課題	職員の虐待や権利擁護、身体拘束に関する知識・意識の不足	867	77.2
	職員のストレス・感情コントロール	763	67.9
	職員の倫理観・理念の欠如	750	66.8
	職員の性格や資質の問題	749	66.7
	職員の高齢者介護や認知症ケア等に関する知識・技術不足	714	63.6
	職員の業務負担の大きさ	520	46.3
	待遇への不満	145	12.9
	その他	34	3.0
被虐待高齢者の状況	認知症によるBPSD（行動・心理症状）がある	597	53.2
	介護に手が掛かる、排泄や呼び出しが頻回	595	53.0
	意思表示が困難	424	37.8
	職員に暴力・暴言を行う	228	20.3
	医療依存度が高い	86	7.7
	他の利用者とのトラブルが多い	85	7.6
	その他	71	6.3

（注）都道府県が直接把握した事例を含む1,123件に対するもの。
「その他」には、「運営法人（経営層）の課題」では、通報等に係る対応不備、人材不足など、
　　　　　　　「組織運営上の課題」では、人材不足、虐待防止・対応体制の不備など、
　　　　　　　「虐待を行った職員の課題」では、職員の個人的要因、認識不足など、
　　　　　　　「被虐待高齢者の状況」では、性格傾向、介護拒否、意思疎通困難などが含まれる。

出典：表5に同じ

解説編

　なお、虐待等による死亡事例は、5件（5人）ありました。

　虐待があった施設・事業所のうち、過去に虐待が発生していた割合は19.1％、過去に行政による何らかの指導等が行われていた割合は26.4％でした。指導内容としては、虐待防止の取組みや不適切ケア、事故発生時の対応、身体拘束の適正運用等に関するもののほか、人員基準違反等に関する指導、記録整備等に関する内容でした。虐待があった施設・事業所の約2割が、過去にも虐待若しくはその兆候が認められていたにもかかわらず、虐待の発生を防げなかったと言えるでしょう。

　また、市町村又は都道府県が、虐待の事実を認めた事例（1,123件に令和4年度以前に虐待と認定して令和5年度に対応した214件を加えた合計1,337件）について行った対応としては、市町村又は都道府県による指導等（複数回答）で「施設等に対する指導」が801件、「改善計画提出依頼」が825件、「従事者等への注意・指導」が258件でした。また、市町村又は都道府県が、介護保険法の規定による権限の行使として実施したもの（複数回答）は、「報告徴収、質問、立入検査」が168件、「改善勧告」が92件、「改善勧告に従わない場合の公表」が1件、「改善命令」が14件で、その他に「指定の効力停止」が11件、「指定の取消し」が8件ありました。

　なお、老人福祉法の規定による権限の行使として実施したもの（複数回答）は、「報告徴収、質問、立入検査」が53件、「改善命令」が10件で、「事業の制限、停止、廃止」及び「認可取消し」は0件でした。

（2）虐待発生の背景

　（1）の厚生労働省の調査では、介護職員による虐待の件数は増加傾

向にあり令和5年度は過去最高を記録したことが明らかになりました。近年、報道等でも施設や事業所の職員による虐待事件のニュースをたびたび目にします。

では、なぜこれらの事件が増え続けているのでしょうか。筆者は、その根底に施設（事業所）側と家族側の認識のギャップがあると考えています。

①施設や事業所の認識

まず、施設や事業所側の認識についてですが、20年前、30年前と比べて何ら変わっていません。厚生労働省や自治体の指導に従いつつも、20年前と同じことを繰り返しているのが実情ではないでしょうか。

一方、家族の認識は大きく変わってきています。テレビ報道等の影響もあるのでしょうが、自ら証拠をつかんで虐待を摘発することが普通になってきました。ICレコーダーや隠しカメラで証拠を押さえ、マスコミに告発することも増えているように感じます。

したがって、虐待を減らすためには、まず施設（事業所）側の認識を変えることが必要と言えます。

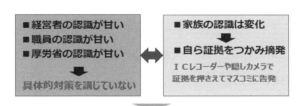

経営者や管理者の認識について、2つの例を挙げてみましょう。

1つ目の例は、ある虐待事件の記者会見で、経営者が「起きてはい

けないことが起きてしまいました」と陳謝したケースです。この発言からは、「起きるはずがない、だから職員個人の責任だ。施設には責任がない」という当事者意識の欠如が見て取れます。この考え方こそが問題なのです。

2つ目の例は、ある虐待事件の改善計画書に「毎朝、職員全員で倫理要綱を唱和する」と書かれていたケースです。これは、職員の倫理観だけに頼って虐待を防ごうとする、現場まかせの経営者や管理者の認識が問題であることを示しています。

次に、職員の認識についてです。筆者らは数年前に、211人の現場職員にアンケートを行いました。その結果、「自分が虐待を行わない自信があるか?」という質問に対し、211人中199人が「自信がある」と答えました。つまり、職員は「自分は虐待を行わない」と考えているということです。しかし、人間の理性など確かなものではありません。虐待を「自分のこと」として考えていないということが問題なのです。

また、ある施設で起きた虐待によってケガを負わせた事件では、職員が「ストレスで虐待してしまいました。まだ介護職員を続けたいです」と言っていたことがあります。このような事件を起こしてもなお介護職を続けられると思っている、こうした認識の甘さは厳しく変えていかなければならないと言えるでしょう。

もっとも、職員の認識については、職員教育にも問題があると言えます。まず、厚生労働省が推奨している虐待防止の学習テキストの重要な部分である「高齢者虐待・不適切なケアの防止策」には、具体的な対策が何も書かれていません。つまり、徹底すべき事項は指示されていますが、具体的に「何を」「どのように」取り組めば虐待が防げる

のか、という防止策は記載されていないのです。これは、現場で、自分たちで考えるべきという意図なのかもしれませんが、管理者用のテキストとしては活用できても、職員向けにこのテキストだけでは不十分であり、効果も期待できそうにありません。

　また、現在の職員研修にはもう1つ大きな問題があります。それは、虐待行為の罰則が教えられていないということです。筆者らが職員に研修を行う際、最初に「虐待をした職員がどのような罰則を受けるのか？」「どの法律によって罰せられるのか？」という問題を出します。そこで、99％の職員は「高齢者虐待防止法によって罰せられる」と答えます。しかし、高齢者虐待防止法には罰則がありません。職員が入所者や利用者を虐待した場合、実際には刑法によって罰せられます。つまり、虐待は刑法の犯罪に該当する行為だということです。

　また、前述の通り、高齢者虐待の定義には5種類の行為類型がありますが、これらすべての罰則は刑法に基づきます（表7）。例えば、「身体的虐待」である高齢者の身体に外傷が生じる恐れのある行為は、刑法の暴行罪に該当し、2年以下の懲役になります。このような厳しい罰則が存在することを職員が知らないということは大きな問題と言えます。

②国・自治体の認識

　次に、厚生労働省や自治体の認識について考えてみます。ここで取り上げるのは、2024年12月27日に厚生労働省から出された通知『高齢者施設等における高齢者虐待防止措置及び身体的拘束等の適正化のための措置の徹底並びに周知に関する取組の実施について』です。この通知に記されていた内容を以下に紹介します。

　まず、高齢者の虐待防止のために、令和6年度介護報酬改定におい

解説編

表7 虐待と刑事罰の例

虐待の種類	刑事罰の例	
身体的虐待	高齢者の身体に外傷が生じ、又は生じるおそれのある暴行を加えること	
	暴行罪 (刑法208条)	2年以下の懲役若しくは30万円以下の罰金又は拘留若しくは科料
	傷害罪 (刑法204条)	15年以下の懲役又は50万円以下の罰金
介護・世話の放棄・放任	高齢者を衰弱させるような著しい減食又は長時間の放置その他の高齢者を養護すべき職務上の義務を著しく怠ること	
	保護責任者遺棄罪(刑法218条)	3月以上5年以下の懲役
心理的虐待	高齢者に対する著しい暴言又は著しく拒絶的な対応その他の高齢者に著しい心理的外傷を与える言動を行うこと	
	脅迫罪 (刑法222条)	2年以下の懲役又は30万円以下の罰金
	傷害罪 (刑法204条)	15年以下の懲役又は50万円以下の罰金
性的虐待	高齢者にわいせつな行為をすること又は高齢者をしてわいせつな行為をさせること	
	不同意わいせつ罪(刑法176条)	6月以上10年以下の拘禁刑
	不同意性交等罪 (刑法177条)	5年以上の有期拘禁刑
経済的虐待	高齢者の財産を不当に処分することその他当該高齢者から不当に財産上の利益を得ること	
	業務上横領罪 (刑法253条)	10年以下の懲役
	背任罪 (刑法247条)	5年以下の懲役又は50万円以下の罰金
	詐欺罪 (刑法246条)	10年以下の懲役
	窃盗罪 (刑法235条)	10年以下の懲役又は50万円以下の罰金

38

て決定された高齢者虐待防止措置と身体的拘束等の適正化のための措置の実施の徹底を図るよう指示が出されています。しかし、どれだけこれらの措置の実施を徹底しても、実際に高齢者虐待を防ぐことはできません。その理由は、高齢者虐待防止について具体的な指示が何も書かれていないからです。

　また、この通知には他にも重要な点が記されています。それは、虐待の原因が「職員の虐待や権利擁護、身体拘束に関する知識・意識の不足」と「職員のストレス・感情コントロール」「職員の倫理観・理念の欠如」という、虐待を行った職員の問題であるとされていることです。つまり、職員側のスキル不足が問題であると一方的に結論付けており、虐待防止のための具体的な指示は何も書かれていません。厚生労働省は、職員の技術や知識を向上させることで問題を解決しようとしていますが、これが現在の厚生労働省の対応なのです。

③家族の認識

　最後に、家族の虐待に対する認識です。こちらはここ数年で大きく変化したと言えます。虐待の疑いがあると自治体に調査を依頼しても、何も行動を起こさない隠ぺい体質が相変わらず存在すると家族は感じています。そのため、自分自身で親（家族）を守るしかないと考え、手の届かないところにいる加害者に対しては手段を選ばずに証拠を押さえることになります。最近では、隠しカメラを仕掛けて証拠の画像を撮ることが一般的になってきています。家族は、この証拠の画像がなければ虐待を摘発できないと感じているのです。

　被害者の家族に話を聞くと、「事故は許せるが、虐待だけは絶対に許せない」と言います。家族の考え方は、不可抗力で起こる事故と、故意に人を傷付ける虐待とはまったく異なるという認識に基づいていま

解説編

す。この違いを理解し、家族の立場に立って考えることが求められます。

④虐待増加につながる三者の認識のズレ

　以上のとおり、虐待に対する認識にはその立場によって大きくズレが生じており、これらの認識を変えていくことが必要であるということが明らかになりました。

　まず、経営者や管理者の認識についてですが、多くの人が「自分の施設では虐待が絶対に起こらない」と考えていますが、これは大きな誤解です。筆者らは経営者や管理者に対して、虐待防止の対策を講じなければ、いつか必ず虐待は起こると警告しています。それが1年後であれ、10年後であれ、あるいは100年後であれ、必ず起こるという認識を持つべきなのです。

　次に、職員の認識についてです。多くの職員は「自分が虐待をするはずがない」と思い込んでいますが、それは甘い考えであると言わざるを得ません。自分自身も虐待をする可能性があるという認識を持ち、それを防ぐためにどう行動すべきかを考えることが重要です。

　最後に、国や自治体の認識についてです。虐待事件には組織要因が大きく関わっています。そのため、組織の在り方や業務運営のあり方を改善しなければ、虐待はなくならないということを国や自治体が理解する必要があると思います。筆者らは管理者に対して、事故を防ぐために事故防止活動を行っているのと同じように、虐待を防ぐために虐待防止活動を日常的に行うべきだと提言していますが、これらの認識を持つことで、虐待防止活動が日常的な取組みとなり、虐待が普遍的に存在しない社会を作ることができると考えています。

40

4 虐待防止対策の現状と改善の考え方

(1) 虐待防止対策の現状と問題点

①虐待調査から見える「防止対策の丸投げ」

　筆者は介護のリスクマネジメントを専門的に研究する立場から、虐待事故についても原因調査やその防止策の提言などの仕事を依頼されることがあります。何度も現場に足を運んで、ときには事故現場であるショートステイに泊まりこむなどして調査を重ねます。虐待行為を犯してしまった加害者本人や同じ職場の職員から聴取を繰り返すと、徐々に虐待の本当の原因が見えてきます。この綿密な調査で見えてくるのは、「虐待事故の背景にある多様な発生要因」です。この多様な発生要因を把握することは、虐待防止の具体策（再発防止策）を講じる上で、極めて重要な意味があります。

　一方で調査報告書では、施設・事業所の管理責任についても調査をして報告をしなければなりません。まず、運営基準などの法令で義務付けられた職員研修や虐待防止措置などを怠っていなかったかどうか、過去の記録から調べます。次に、施設・事業所として講じている虐待防止対策の具体的な内容について、管理者や役職者から聴取をします。この時に、管理者や役職者は「職員研修はきちんとやっている。他にこれといった対策は講じていない」と口を揃えて言うのです。つまり、「虐待を防ぐのは職員自身の責任であって、施設・事業所が業務として防止対策を講じるべきものではない」という考え方なのです。従来の施設・事業所の虐待防止対策は、極論すれば、「職員に丸投げされてい

て、業務として行われていない」ということなのです。

　しかし、虐待は、職員にすべて原因があるのではなく、施設・事業所の中にさまざまな原因が存在します。ですから、われわれは、虐待を「事件」ではなく「虐待事故」と呼んでいます。原因をきちんと取り除くことができれば、ほとんどの虐待事故を防ぐことができます。

　したがって、調査報告書の最後には必ず次のように書いています。「介護事故と同じように、さまざまな職場の要因から虐待事故が発生しているのですから、これらを改善する具体的な"虐待防止活動の取組み"が必要です」と。

②虐待事故はさまざまな要因が複合的に絡み合って発生する

　虐待事故を調査すると、「虐待ドミノ理論」とも言える虐待行為発生のメカニズムが見えてきます（「ドミノ理論」はハインリッヒが提唱した事故発生のメカニズムを説明するもの）。

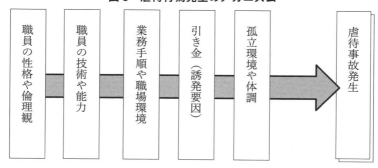

図5　虐待行為発生のメカニズム

　実際に筆者が経験した虐待事故の例でご説明しましょう。

職員Aは真面目で責任感が強いのですが、最近までデイに居たので認知症の利用者のBPSD（認知症の行動・心理症状）に慣れていませんでした。ある時、入浴介助で人員が足りず終了時間が迫っていたので、衣服着脱担当のAはイライラして利用者の服を無理に脱がせようとして髪をつかまれてしまいました。パニックになったAは、他の職員を呼ばずに自分で利用者の腕を振り払おうとして、強く腕を握って骨折させてしまいました。Aは朝から体調が悪く下痢をしていたそうです。

　この虐待事故の原因分析を前述のドミノ理論に従って整理すると次のようになります。

表8　虐待発生メカニズムにそった原因分析

虐待発生要因	本事故の原因
職員の性格や倫理観	責任感が強い真面目なAは他の職員に頼らず独りで対応しようとしてパニックになってしまった
職員の技術や能力	認知症の利用者への理解が低く対応能力や知識が少なかった
業務手順や職場環境	終了時間が迫っていたため焦って利用者に無理な対応をした
引き金（誘発要因）	利用者に髪をつかまれてパニックになった
孤立環境や体調	周囲に他の職員がおらず助けを求められなかった 下痢が酷く理性で感情をコントロールできなかった

　このように、一見、職員の不適切な対応によって起きるように見える虐待事故は、実はさまざまな要因が複合的に重なって起きているのです。そして、もっと重要なことは、これらの虐待発生要因の中に、**職員本人を責められるような要因は極めて少ないということです**。ちなみに、職員の倫理観という要因はほんのわずかなのです。

解説編

　筆者が、「虐待を発生させるリスク要因を改善することで、虐待はほとんど防止できる」と考えているのは、職員以外の要因は容易にコントロール可能だからなのです。逆に、この虐待発生要因を一つひとつ丹念に検証して改善しなければ、いつか虐待事故は必ず発生するのです。

③新しい虐待事故パターンの出現

　前述のように、真面目な職員が独りで頑張りすぎて虐待行為に至るパターンを、筆者らは「昔ながらの虐待事故」と呼んでいます。措置制度の時代には虐待事故の95％がこのパターンでしたが、現在は60％くらいに減っています。時代とともに虐待事故の発生パターンが多様化して、新しい虐待事故発生のパターンが出現してきたのです。

　例えば、採用時から粗野な言動が目立ち、主任が「辞めさせてくれ」と言っている職員が、認知症の利用者を殴りました。「態度が反抗的だったから」と言います。介護職員としての適性が著しく欠けている危険な人材を、排除もせずに職場に放置したことが最大の要因です。

　また、職員にひどいハラスメントを繰り返す家族に腹を立てた複数の職員が、みんなで利用者に暴言を吐いた、という虐待事故が起きています。職員は「僕らは被害者だ！」とキッパリ言いました。家族からのカスタマーハラスメントを管理者が放置したことが、最大の要因です。

　このように、時代の変化に伴い、介護人材も家族も大きく変わってきている最近の介護現場では、新しいパターンの虐待事故が発生しいているのです。もはや、職員のモラルや倫理観に頼っている場合ではありません。経営を左右するような危機管理を、職員の倫理観という不確かなものに依存しているようでは、経営者の資格はありません。

(2) なぜ、虐待リスクマネジメントが必要なのか

①虐待事故による経営危機は発生しない？

　職員が虐待事故を起こしたために、法人や施設・事業所が経営危機に陥った例はあるのでしょうか？　実は、虐待事故が発生しても、事業経営に対する悪影響はほとんどありませんし、致命的な経営の痛手にもなりません※。なぜでしょうか？　虐待事故を発見したら、保険者である市町村に通報し、虐待認定を受けたら監査を受け指導に従い再発防止のための研修を行う。これだけで済んでしまうからです。

　介護保険制度における制度上のペナルティは、報酬減算や指定の取消し、指定の効力停止など厳しいものが存在はしています。しかし、実際の運用では不正請求などの悪質な組織的違反行為を除けば、厳しい罰則を受けているのは「指導に従わなかったケース」がほとんどです。つまり、虐待事故が何度起きても、その都度行政の指導に素直に従っている限り、経営を揺るがすような危機にはなり得ないのが現状です。虐待が発生したから、入所者が一斉に退去してしまうなどということはあり得ないのです。施設や事業所の経営にとって生殺与奪権を握っているのは、顧客ではなく行政なのです。

　「役所の指導任せ」という顧客不在の緊張感に欠ける経営が、カタチばかりの倫理研修でお茶を濁して虐待件数を増加させてきた原因なのです。一般の営業会社と異なり、消費者の信頼を損ねたために見放されて経営危機に陥ることは絶対にないのですから、面倒な虐待防止対策などで現場の手を煩わせる必要はないのです。

※　致命的な痛手となった例としては、2014年に川崎市の有料老人ホームで3人の入居者が転落死した殺人事件に端を発して、運営施設の53施設で81件の虐待が発覚し、経営母体の法人が廃業に追い込まれたことがあります。

解説編

②人材採用への致命的な悪影響

　では、今後も虐待事故が起きるたびに行政の指導に従っていれば、施設や事業所の経営は安泰なのでしょうか？　実はここ数年、虐待事故によって施設や事業所の経営に大きな悪影響が出るようになってきました。それは、人材採用に関する悪影響です。

　ある施設で派遣職員が虐待行為を行って処分を受けて退職しました。退職した職員は、「上司のパワハラが原因で入所者を虐待した。パワハラがまん延するひどいブラック施設である」と、地図アプリのクチコミに誹謗中傷の書き込みをしました。この書き込みが他のSNSにも飛び火して、施設を名指しで"ブラック"と書き込まれました。プロバイダーに削除を要求しても応じてくれず、人材募集に大きな影響が出ました。人材募集に対するSNSの情報拡散の影響は、今や絶大なものがあります。

　ある施設では数年前に不祥事が発生し、職員を解雇したことで訴訟が起こり敗訴しました。その後数年間は、ブラウザの検索キーワードに施設名を入力すると、「〇〇〇（施設名）　ブラック」と勝手に関連検索ワードが表示され、これをクリックすることでこれらの記事が閲覧されました。施設職員の応募人材はネットで詳細に情報を集めますから、誹謗中傷も含めて必ず閲覧されてしまうのです。

　このように、最近の虐待事件後の施設や事業所の経営に対する影響は、「介護職員の人材の応募減少」というかたちで顕著に現れます。就職を希望する人材は、虐待事件の発生＝職場環境劣悪＝ブラックと考えるのです。「労働環境が悪く、人間関係も風土も悪い。だから、虐待事件が発生する」と敬遠します。顧客争奪戦であった高度成長期と打って変わって、人材争奪戦の社会構造の中では、虐待事故が何度も発

46

第1章　高齢者虐待が施設・事業所にもたらすリスク

生する施設・事業所など生き残れるわけがないのです。

（3）虐待リスクマネジメントの考え方

①職員研修による意識改革から始める

　介護事故でも虐待事故でも、対策を講じても防げない事故はたくさんあります。しかし、事故が起きたとき、「やるべき対策を講じていたのに仕方なく起きた事故なのか、基本的な対策を怠ったために起きた事故なのか」ということを経営者は意識しなければなりません。では、施設や事業所の経営者・管理者が行うべき、虐待事故防止活動の取組みはどのように進めて行けばよいのでしょうか？

　まず、従来の人権擁護・倫理教育だけの職員研修を変えなければなりません。新しい職員研修で職員の意識を変えなければ、虐待防止活動の具体的な取組みは始められません。新しい虐待防止研修で教えるポイントは次の5点です。管理者も職員も従来の虐待防止に対する考え方を変える、意識改革の研修です。

---

① 　虐待行為はそのほとんどが刑法に抵触する犯罪行為であり厳しい罰則がある

② 　理性による感情のコントロールは不確かであり、誰でも虐待の加害者になる可能性がある

③ 　虐待の発生原因は多様でこれらを改善することで虐待事故はほとんど防ぐことができる

④ 　原因を改善し虐待リスク場面を作らないよう協力することが虐待事故防止活動である

47

解説編

> ⑤　虐待事故防止活動は職員自身の身を守るための取組みである

　5つのポイントの中で、④の職員がみんなで協力して虐待リスク場面を作らないようにする取組みが大変重要です。筆者らが実施している虐待防止研修では、最後に「虐待事故の事例を使って原因を分析して改善策を話し合う」というグループ討議を行います。この事例検討のグループ討議に正解はありません。虐待事故の防止対策について職員同士が話し合う、ということが重要なのです。自分を守るための討議ですからみな真剣に話してくれます。そばで聞いていると「じつは昔こんなことがあって……」と自らの"虐待寸前のヒヤリハット体験"を話してくれる職員もいます。

　前述のように、虐待事故防止の責任は職員個々人に丸投げされていましたから、職員同士で防止策について話し合ったことすらないのです。研修で扱う事例は3つあって、「あとの2事例は職場で話し合ってください」と宿題にします。

②現場における虐待防止活動の取り組み方

　次に虐待事故防止活動の日常的な取り組み方についてご説明しましょう。筆者らが提唱する現場の虐待事故防止活動は、介護事故の防止活動とプロセスは変わりません。

　虐待防止の取組みの考え方は、次の3つに分けるとわかりやすいと思います。

　①虐待が発生する原因と仕組みを理解する

　　前述のように虐待行為には必ず原因があります。過去の虐待事故の分析から、これらの虐待事故の原因を理解し、これらを改善することで虐待の原因を除去する取組みです。例えば、激しいBPSDの

48

対応場面で虐待がたくさん起きていますから、激しいBPSDがなぜ起こるのかを考えます。BPSDの原因は身体的苦痛や抗精神病薬の処方などさまざまで、これらも虐待事故の原因の1つとして捉えることが重要です。

②虐待の原因となるリスク要因を改善する

　虐待の原因が把握できたら、これら改善する方法を考えます。例えば、入浴介助の時間を厳格に制限すると、入所者や利用者に対して無理強いをする場面が発生し、これが虐待につながります。入浴介助の時間制限を緩和することで、無理な介助をしなくなり虐待のリスクを減らすことができます。

③虐待リスクの高い場面での回避策も検討する

　虐待事故の原因を分析して改善しても、虐待リスクの高い場面をゼロにすることはできませんから、この危険な場面が発生したときの虐待回避策を考えます。

　例えば、虐待リスクの高い場面の典型は、「夜勤帯に職員1人で認知症のある入所者のBPSDに対応する」という場面です。しかし、夜勤職員を2人に増員することは難しいですから、虐待リスクが発生したときの職員間の連絡・連携の方法を工夫することで、虐待回避の方法を検討します。

　夜勤帯フロアに1人という職員配置の施設で、夜勤職員にインカムを装着してもらった施設があります。絶えずつながっていて会話ができるので、必要のないおしゃべりもしますから、いざという時のSOSも出しやすくなったと言います。

③経営者・管理者固有の取組み

次に、事故防止活動と虐待事故防止活動の大きな違いについて説明

解説編

します。

　介護事故は、職員の自発的な防止活動をマネジメントし、経営者・管理者と職員が協力して行うと効果があがります。しかし、虐待防止活動においては、経営者・管理者が行うべき固有の対策が大きなウエイトを占めます。人事管理・コンプライアンス管理など、経営者・管理者自らが行わなくてはならない固有の対策で、これらは職員に関与させるわけにはいきません。

　例えば、もともと介護職員としての適性が著しく欠ける職員が、現場で不適切なケアや不適切な言動を行っていたらどうすればよいでしょう？　放っておけば、いつカッとなって入所者・利用者を虐待するかわかりません。

　主任に対して不適切なケアや言動の指導方法を教え、指導したときには必ず指導報告書を出してもらいます。この指導報告書は管理者と本部で絶えず共有し、厳しく指導して、改善しない場合は、職場から排除（配置転換）しなければなりません。

　また、最近多く発生している「認知症のある入所者・利用者の人格を損なう不適切な言動」として虐待認定されるケースに対しては、どのような行為が人格を損なう行為であるかを明示し、「人格尊重義務違反行為」への就業規則上の罰則も周知しなければなりません。

　このような人事管理・コンプライアンス管理上の対策は施設や事業所独自で行うことはできませんから、法人本部が積極的に関わって法人で統一した基準や手続きを作らなければなりません。最近では不適切な行為を行う問題職員に対して施設長が対応を誤って、労働基準監督署や労働局に訴えられるというケースも発生していますから、労務管理上の正しい手続きができる法人本部主導の対応が重要になってき

50

ています。

④虐待の疑いへの管理者の対応

虐待防止活動の取組みに対する考え方をご説明しましたが、もう1つ悩ましい問題があります。それは、家族から「虐待の疑いがあるから調べて欲しい」という訴えがあったときの、施設や事業所の管理者の対応です。現に虐待が発生し、加害者である職員も虐待行為を認めていれば、対応に迷うことはありません。しかし、虐待事実の確認ができない"疑い"に対しては、対応が難しく家族トラブルに発展することが少なくありません。

家族からの虐待の疑いの訴えはいくつかのパターンがあります。最も多いのが、原因不明の傷・アザ・骨折に対して、"もしや虐待では？"と疑念を抱いて原因調査を要求してくるケース。次に多いのが、認知症のある入所者や利用者が「叩かれた」と言っている、という本人からの訴えのケース。その他、事実は確認できているが虐待かどうか解釈が食い違うケースなどです。

いずれも疑いの訴えに対する対応を間違えると、市町村への虐待通報につながったり、最悪の場合、警察へ通報するケースもあります。実際に寝たきりの入所者に原因不明の骨折が発生し、骨折の原因の説明がないまま、今度は顔面に原因不明の内出血が発生し、家族が「殺される」と警察に駆け込んだ例もあります。

「虐待の疑い」という家族からの訴えは、管理者の責任で対応すべき重大クレーム事案ですから、そのときの判断で場当たり的に対応するのは禁物です。あらかじめ細部まで対応をマニュアル化して、家族トラブルの回避方法を備えておかなければなりません。本書では、実際に起きたトラブル事例をもとに、対応のマニュアルをご紹介します。

現場で取り組む虐待防止策
——6つのケースで考える虐待発生の原因と対策

　虐待事故には必ず原因が存在します。その原因を正確に分析し、それを改善することが防止対策につながります。虐待事故の原因はさまざまですが、本章では、近年発生している典型的なケースを6つのパターンに分けて説明していきます。

　なお、ここでご紹介する要因や対策は一例であり、実際の虐待事故はさまざまな要因が複雑に絡み合って発生していることにご注意ください。

1　近年発生している6つのパターンとは？

　近年発生しているのは、以下の6つのパターンです。

---
① 　理性を失って虐待してしまうケース
② 　職場のモラル低下で複数人により虐待するケース
③ 　著しく適性を欠く職員が虐待するケース
④ 　家族のハラスメントへの反抗から虐待するケース
⑤ 　おもしろ半分の悪ふざけで虐待するケース
⑥ 　センサーマットの頻回なコールが虐待を引き起こすケース

第2章 現場で取り組む虐待防止策——6つのケースで考える虐待発生の原因と対策

（1）理性を失って虐待してしまうケース

　夜勤帯に認知症のある入所者・利用者の重いBPSDに対応していて、理性を失って感情をコントロールできなくなり暴力を振るってしまうような虐待のケースです。虐待事故で最も多いケースで措置制度の時代には95％を占めていました。理性を失ってしまう要因はたくさんあり、これらを改善することでかなりの虐待事故を防ぐことができますから、虐待防止活動のメインに位置付けられるケースです。近年では虐待事故の6割を占める、最も多く発生しているパターンです。

事例

　職員Aさんは、夜勤の日、風邪気味で頭痛がしました。夜勤の相方が仮眠を取っている時、認知症のある入所者のXさんがデイルームへやってきました。Xさんは「今すぐ家に帰る」と繰り返していましたが、無視していると、今度はAさんを罵倒し始めました。

　そんな折、同じく入所者のYさんからのナースコールが鳴り、Yさんの居室に駆けつけると、暗いのに「電気を消してくれ」とYさんが言います。Aさんが「消えていますよ」と言うと、Yさんは「早く消せ」「早く消せ」と騒ぎ出しました。

　Yさんへの対応を終え、やっとの思いでデイルームに戻ると、今度は先ほどのXさんがヘルパーステーションに侵入しています。Xさんをデイルームに戻そうとしているところへ、居室にいるYさんから、ナースコールが何度も鳴らされました。

　さらに、XさんがAさんの腕を強くつかんで、唾を吐きかけて

53

解説編

きました。Ａさんは頭の中が真っ白になってしまいＸさんを突き
飛ばしてしまいました。

このケースの特徴は次の3つが挙げられます。
① 比較的まじめな性格の職員が虐待する
② 責任感が強く独りで解決しようと無理をする
③ 認知症のある入所者・利用者への対応場面が多い

（2）職場のモラル低下で複数人により虐待するケース

施設や事業所若しくはある職場だけ職員すべてのモラルが低下して、
虐待している意識も希薄になる施設・事業所（職場）ぐるみの虐待事
故のケースです。この虐待事故のケースは、比較的珍しいケースで、
積極的に防止対策を講じる必要はありません。しかし、一旦発生する
と是正が難しくなりますので、モラル低下に早期に気付いて対策を講
じることが求められます。

事例

2人で夜勤をしていたＡさんとＢさんは、ヘルパーステーショ
ンでホッとひと息入れました。いつまでも寝ない認知症の入所者
Ｚさんがやっと寝てくれたので、しばし休憩を取ろうとしていま
した。
Ａさん：「あの婆さん、人の迷惑も考えずに、毎晩、暴れるなあ」
Ｂさん：「食後に眠剤飲ませて、イチコロというわけにいかないで
すかね」

54

第2章　現場で取り組む虐待防止策——6つのケースで考える虐待発生の原因と対策

Ａさん：「あの婆さんに薬は効かねえよ」

…2人で笑い合いました。日ごろ、我慢してたまっていた鬱憤が少し晴れて、2人は楽な気持ちになりました。

　次にＡさんとＢさんが夜勤で一緒になった時のことです。

Ａさん：「あのキチガイ婆さん、今夜も騒ぐのかな」

Ｂさん：「どうせ“家に帰る”って騒ぐのだから、無視しましょうよ」

…2人は安堵と連帯感から、笑いながら、いつもより楽な気持ちで夜勤を始めることができました。その後、他の職員も休憩室で入所者の悪口を言うようになり、次第に職場の会話でも汚い言葉が交わされるようになってしまいました。

このケースには、次のような特徴があります。

①　著しくモラルの低い職員が中心で始まる

②　被害者意識を共有して他の職員に広まる

(3) 著しく適性を欠く職員が虐待するケース

　介護職員としての適性が著しく欠けているために、発生する職員の性格が原因で起こる虐待事故のケースです。介護という仕事は職員の持っている適性（性格や向き不向き）が、とても大きく影響する仕事ですから、この適性が著しく欠けていると暴力的な行為を平気で行い虐待事故を起こすのです。人材不足によって近年急増している虐待事故のケースです。

55

解説編

事例

介護付き有料老人ホーム（ベッド数100床）の新規開設時、開所ギリギリまで職員が集まりませんでした。

34名の介護職員のうち、21名は未経験かつ無資格で、知識・技術習得のための集合研修の期間もわずか、開設後のOJTが中心でした。

経営サイドからは「早く満床にしろ」と催促されます。

開所時に採用された職員の中に、言葉もふるまいも粗野で、介護には不向きと一見してわかる職員Aさんがいました。主任はその都度、注意して指導しますが、Aさんの態度はいっこうに改善せず、施設の管理者に「辞めさせてほしい」と進言しました。

ところが、管理者は「職員の採用ができないから」と言って、取り合ってくれません。

ある日、Aさんは入所者を殴り、その理由を「態度が反抗的だったから」と言いました。懲戒免職となったAさんのブログには「あー、せいせいした。もともと介護職なんて合ってなかったんだ」と書かれていました。

このケースには次のような特徴があります。
① 本来は採用したくない著しく適性が欠ける人材を仕方なく採用している
② 試用期間中に解雇せず、その後も採用難を理由に放置

（4） 家族のハラスメントへの反抗から虐待するケース

　家族による職員へのカスタマーハラスメント（カスハラ）が原因で
起きる虐待事故です。ひどいカスハラを受けた職員は、精神的に追い
込まれ、カスハラ行為者の家族である入所者・利用者を虐待すること
で、仕返しをするのです。近年、カスハラが社会問題になるにつれて、
この虐待事故のケースも増えてきています。対策は簡単で、カスハラ
対策をきちんと行うことです。

事例

　　入所者Ａさんの息子Ｂさんは細かい性格で、介護についても介
護職員たちに細かい指示を出します。職員の一挙手一投足に文句
をつけて、「なんで言う通りにできないんだ」と叱責します。

　　次第にＢさんの要求はエスカレートして、自分の思い通りにな
らないと大きな声を上げるようになりました。

　　施設長は「細かい性格だから気になるのだろう」と、息子さん
の要求をすべて受け入れてしまいますが、特定の職員をターゲッ
トに、ときには１時間以上も不満を言い続け、威圧的・暴力的に
ふるまうこともあります。

　　ある晩、職員２名が巡回時にＡさんを罵倒しているところを、
Ｂさんに隠しカメラで録画され、行政に虐待通報されました。

このケースには次のような特徴があります。
① 　家族からの度重なるハラスメントに耐えられない
② 　家族に反抗できないため入所者・利用者をターゲットに

解説編

③　複数職員で入所者・利用者に暴言を浴びせる

（5）おもしろ半分の悪ふざけで虐待するケース

　職員のおもしろ半分の悪ふざけや悪ノリが高じて、認知症のある入所者・利用者の人格を損なう行為をする職員が増えてきました。若い職員に圧倒的に多く発生しており、本人たちは悪いことをしているという意識がありませんし、SNSへの投稿などもトラブルを大きくしています。介護職員は入所者や利用者の人格を尊重する義務を課せられていることを自覚させると同時に、どんなことが人格を損なうことになるのかを具体的に教えなければなりません。

　事例

　　　ある特別養護老人ホームで職員の不祥事が起きました。

　　　20歳の女性職員が夜間勤務中に認知症の入所者の髪の毛にリボンを8つ結び、これをスマホで撮影してブログに画像をアップしたのです。写真には「認知症のおばあちゃんは可愛い」とありました。このブログの写真を発見した息子さんが激怒して、「介護職の行為は虐待であり、個人情報の漏えいでもあるので訴訟を起こす」と強く抗議してきました。施設長は真摯に謝罪し、職員に辞表を出すように説得し依願退職としました。

　　　すると、息子さんは「これだけの不祥事を起こしながら、依願退職で済ませる気か」と怒って、市に虐待通報をしました。

　このケースには次のような特徴があります。

58

第2章　現場で取り組む虐待防止策——6つのケースで考える虐待発生の原因と対策

① 虐待した職員はおもしろ半分で悪ふざけをしただけ
② 悪いことをしている認識さえない
③ 入所者・利用者の尊厳を損なう行為が虐待とみなされることを
　知らない

(6) センサーマットの頻回なコールが虐待を引き起こすケース

　施設等にセンサーマットが普及し、設置数が多くなることで、超頻
回なセンサーコールに頭に来て入所者や利用者を虐待してしまうケー
スです。原因は超頻回なセンサーコールとわかっているのですから、
センサー機器の設置・運用のルールを見直すことで防止できる虐待事
故です。

事例

　　認知症介護が苦手な老健のショートステイの職員Mさんは、行
　動が活発で認知症の重いHさんが入所する日に夜勤に入っていま
　した。離床センサーの設置も控えており、少し気が重くなってい
　ました。
　　深夜、Mさんは1人でフロアを担当し、パッド交換の作業中に
　Hさんのセンサーコールが鳴り、トイレへの介助を行いましたが、
　結果的には必要ありませんでした。その後も同じようなことが繰
　り返され、Hさんの部屋が遠いことや、施設にPHSがないためコー
　ルがヘルパー室でしか聞こえないことから、作業が手間取りス
　トレスが溜まっていきました。
　　その後、Mさんは仕事に戻るたびに「いい加減にしてくれよ」

59

解説編

と少し大きな声で言いながら次第に興奮していきました。同様の
状況で10回近くコールが鳴り、どうすればよいかわからなくなっ
たMさんは、Hさんの頭を叩いて紐でベッドに縛り付けました。
　面会の家族にHさんが「叩かれて縛られた」と訴えたため、家
族は警察に行き事情を話しました。警察の事情聴取に対してMさ
んは虐待を認め、「センサーがうるさく鳴るので動けないようにし
ようと思った」と答えました。

　センサーマットの頻回なコールが引き起こす虐待には次のような特
徴があります。
　①　センサーコールに忠実に対応するまじめな職員が起こす
　②　他の職員との連携が難しい夜勤帯に発生する
　③　事故防止に熱心でセンサー機器が多い施設で発生する

60

第2章　現場で取り組む虐待防止策——6つのケースで考える虐待発生の原因と対策

2　近年発生している6つのパターンの原因と対策

Ⅰ　理性を失って虐待してしまうケース

(1) 原因分析

　なぜ、介護職員は理性を失い感情のコントロールができなくなってしまうのでしょうか？　介護職員の側の原因だけでなく、入所者や利用者の状態、施設・事業所の業務環境などさまざまな要因が存在します。ここでは、①入所者・利用者の要因、②介護職員の要因、③職場環境の要因に分けて考えていきます。

①入所者・利用者の要因

　入所者や利用者が重いBPSDを起こすのはなぜでしょうか？　「認知症の人はBPSDを起こすのが当たり前」と考えずに、BPSDの原因を分析して対策を講じてBPSDを減らせれば、虐待の防止にもつながるのです。

　①入所者・利用者の体調：痛みや痒（かゆ）み、向精神薬など

　　認知症の人は体調悪化のために、重いBPSDを起こす人がたくさんいます。訴えられない痛みを我慢していることや不快な痒みもBPSDの原因とされます。また、BPSDの抑制のために処方される向精神薬なども、かえって症状の悪化を招いているとの指摘もあります[※]。

※　『かかりつけ医のためのBPSDに対応する向精神薬使用ガイドライン』厚生労働省、2013年

61

解説編

②入所者に合わない生活環境：生活感のない殺風景な居室など

　施設は入所者が住み慣れた居宅の環境と大きく異なりますから、認知症の入所者は落ち着かなくなってさまざまな BPSD を起こします。また、長年使い慣れた生活用品や愛着品がない生活も、不安を与え精神症状の悪化を助長しています。

②介護職員の要因

①介護職員の体調：風邪や発熱・服薬の影響などの体調不良

　人は誰でもコンディションが良い状態であれば、理性で感情をコントロールすることができますが、体調が悪いと理性を失って正常な判断ができなくなります。特に痛みを伴う体調不良は、耐性（我慢する力）が低くなり、暴力的な虐待行為を起こしやすくなります。

②介護職員の対応力：認知症ケアの知識や技術の不足

　認知症の人は根拠のない訴えを何度も行ったり、意味もなく腹を立てて職員に八つ当たりをしたりすることがあります。こんなとき、認知症の人の特性を知らないで、間違った対応をすると火に油を注いでさらに事態を悪化させます。認知症ケアの知識や技術を学ぶことでトラブルを生まない対応ができるようになりますし、入所者や利用者ごとに「相手の満足する対応」を心がけるとトラブルになりません。

③介護職員の性格：責任感が強い職員ほど自分で解決しようとする

　認知症の入所者・利用者との間にトラブルが起こったとき、責任感の強い真面目な職員ほど、他の職員に頼らずに自分だけで対応しようとして事態を悪化させます。また、他の職員とのコミュニケーションが下手な職員も同じように、自分だけで解決しようと焦って

虐待リスクの高い場面を作ってしまいます。

④介護職員の私的要因：家庭事情や家族の心配事など

　大きな不安や心配事を抱えていると、些細なことでイライラして認知症の人への対応力や耐性が下がります。

③職場環境の要因

①職場環境：要員不足による無理なシフト（連続夜勤）など

　職員の要員不足から一人当たりの業務量が増えればストレスも多くなりますし、夜勤が重なることでストレスに悪影響を与えます。また、物理的な業務の不便さも業務効率の悪化を招き、ストレス要因となり虐待の原因につながります。

②業務手順：業務の時間的制約で無理な介助をするなど

　業務の時間が決められていると、時間内に終わらせようと焦って、入所者や利用者に無理な対応をすることになり、トラブルを生みやすくなります。特に、入浴介助は時間内に終わらせようとして無理をすると、入所者や利用者の気分に悪影響を与えてトラブルを発生させます。

③バックアップ体制：「土壇場でも自分しか頼れない」など

　認知症の人の暴力的なBPSDなどを制御しようとして、危険な状態になったとき、他の職員にSOSを知らせて危険な場面を切り抜けなければなりません。このような、危機的な場面での他の職員との間のサポート体制は、意識的に仕組みとして作らなければ自然にはできません。

解説編

　以上のように、虐待事故はさまざまな要因が重なり合って虐待行為の場面ができてくるのです。これらの要因を除去・改善することで、虐待リスクの高い場面を作らないようにすることが対策の重要なポイントになります。

(2) 対策

　理性を失い感情のコントロールができなくなって起こる虐待事故は、前述のさまざま要因を改善することで起こりにくくなりますから、一つひとつの要因をていねいに改善していくことが虐待防止対策となります。

　認知症の入所者・利用者の精神症状などが改善され、BPSDが少なくなれば、虐待リスクが軽減しますし、職員が認知症の入所者・利用者への適切な対応を知っていれば、虐待の原因となるトラブルも起こりにくくなります。加えて、職場環境が快適で他の職員とのコミュニケーションも良好であれば、虐待など起こりようがない、働きやすい施設・事業所になります。

　しかし、虐待の原因を改善しても虐待リスクがゼロになるわけではありませんから、あわせて虐待リスクの高い場面に直面したとき、どのように回避するかも考えなければなりません。筆者らが介護現場で取り組んでいる虐待防止の具体策をご紹介します。

①入所者・利用者の要因（認知症のある入所者・利用者のBPSD）への対策

　認知症の人が重いBPSDを起こせば、対応する職員に無理がかかり対応場面で虐待のリスクが高くなります。ですから、重いBPSDを起

64

こさないようにする対策も、虐待防止対策の1つになります。認知症の人が重いBPSDを起こす代表的な原因は、前述の通り高齢者の生活に合わない環境と体調不良です。認知症ケアに熱心な施設や事業所は、この2つの改善にすでに取り組んでいて、虐待防止だけでなくケアの質の向上においても大きな成果が出ています。

①生活環境の改善

生活環境の改善には、認知症の入所者・利用者が過ごす時間が長い居室とデイルームの環境改善が有効です。デイルームに畳や障子、コタツを持ち込んで、思い思いにゴロゴロできるスペースを作ったことが、イライラしていた認知症の入所者が落ち着いたという特別養護老人ホームがあります。職員たちは「ゴロゴロスペース」と呼んで、認知症の入所者をここに誘導してくることで、とても対応が楽になったそうです（**写真1**）。

また、殺風景な居室に自宅からさまざまな生活用品や愛着品を持ち込んで、もともと住んでいた自宅での生活環境に近付けたら落ち着いたという入所者も居ました（**写真2**）。長年暮らし慣れた生活環境が、認知症の入所者の落ち着きに大きな効果があることが2つの例からわかりました。

②体調の改善

認知症の人は痛みや痒みなどの肉体的苦痛があっても、的確に訴えることができないため体調不良が放置されていることがあります。毎日、痛みや痒みを我慢しながら生活していれば、すぐに怒ったり暴力を振るったりするのではないでしょうか？

解説編

 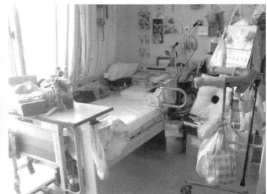

写真1　　　　　　　　　　写真2

　例えば、95歳の入所者が職員に暴力を振るい、その原因が腰の痛みだということがわかったという事例があります。コルセットをして鎮痛剤を服用することで、暴力がまったくなくなりました。コルセットを腹巻だと思っているので、毎日腰に巻いてあげると喜ぶそうです。

　また、BPSDを鎮めるための向精神薬の処方が、逆にBPSDを悪化させていることがわかってきています。2013年7月12日に厚生労働省が公表した『かかりつけ医のためのBPSDに対応する向精神薬使用ガイドライン』によると、BPSDが重い認知症の人への向精神薬の使用の悪影響が指摘され、その処方を自粛するよう医師に対して促しています。2016年に発行された第2版では、抗認知症薬が加わり、そのBPSDに対する影響が指摘されています。

　このように、服薬が原因でBPSDが悪化し、それを制止しようとすることで虐待のリスクが生まれるのであれば、BPSDの原因である服薬を調整することも、虐待防止の効果的な対策です。本格的に

服薬の見直しを行うには、看護師と嘱託医の知識が欠かせませんから、BPSD改善の勉強会をお願いしてみるとよいでしょう。

②介護職員の要因への対策

介護職員は認知症の入所者・利用者から暴力などの攻撃を受けても、怒りを鎮めて反撃をしないように理性で感情をコントロールします。この怒りを鎮める能力や感情をコントロールする力は、もと

もと人によって差がありますし、その時のコンディションによっても左右されます。また、認知症の人の行為に対する対応方法をあらかじめ知っておけば、さらなるトラブルを招かずにうまく受け流すこともできます。

このように、認知症の入所者・利用者と介護職員の間に起こるトラブルへの対処法を知っておけば、多くの虐待リスクの高い場面を回避することができますので、職員で協力して対策を立ててみましょう。

①認知症への対応力の向上

「認知症介護実践者研修」などを受講することで、認知症の入所者・利用者がBPSDを起こさないようにするケアの方法を学ぶと同時に、BPSDが発生したときの対応を学ぶことができます。2024年4月から医療・福祉の資格を保有しない介護職員は、すべて「認知症介護基礎研修」の受講が義務付けられましたが、この研修の受講義務化は、増加する虐待事故への制度面の対策とも言えます。認知

解説編

症の人の個別性の高いさまざまな行動への対応は、対応方法を知っている人と知らない人では相手の反応が大きく異なります。

　また、認知症介護の学問的な勉強ではなくても、現場で認知症の入所者や利用者への対応の工夫を実践している人がたくさんいます。例えば、居室で大声を上げて「俺の金がない！　盗んだのは誰だ。ここに入れておいた財布がないぞ！」と、引き出しを探している入所者がいたとして、どのような言葉をかけて対応すれば、興奮してトラブルになることを避けられるでしょうか。

　こうした認知症の人の個別性の強い訴えに対する「言葉かけ」を、現場で研究してまとめた書籍があります。『認知症の人がスッと落ち着く言葉かけ』、『認知症の人がパッと笑顔になる言葉かけ』（ともに右馬埜節子著、講談社刊）が、とても参考になりますので、ぜひ読んでみていただきたいと思います。

②体調の管理

　職員の虐待行為を助長する大きな要因として、職員側のコンディション、つまり、体調の影響が大きいことが知られています。体調が悪いと理性で感情のコントロールがしにくくなるのです。人の理性を狂わせる体調不良の中でも、頭痛などに比べて悪影響を与えるのが下痢なのだそうです。

　私たちは脳が強いストレスや不安を感じると、腸の働きが不調になり下痢を起こします。逆に下痢をしていると脳がストレスや不安を感じやすくなり、これを「脳腸相関」と呼びます。このような、理性に悪影響を与えるような条件を知っていれば、「今日は夜勤なのに下痢で苦しいなあ」と思ったら、「何かあったら手伝ってくださ

い」と他の夜勤者に一声掛けておけばよいのです。虐待防止の知識は自分だけが持っていても役に立たず、他の職員と共有して助け合うことが重要です。

③職場環境の要因への対策

施設や事業所で虐待事故が起きたとき、再発防止策を市町村に報告しますが、最近ではストレスばかりがクローズアップされていて、職場環境の原因の改善が疎かになっているように思います。施設や事業所の環境の要因への対策は、虐待の原因となる不備の改善とともに、虐待が発生しそうになったときの職員間のサポート体制が重要になります。

施設・事業所側の要因については特に、①時間に縛られる業務の改善、②局所的な人員配置の改善、③緊急時のサポート体制の確立の3つが重要となります。

①時間に縛られる業務の改善

施設・事業所の業務は組織で動いていますから、一定時間内に業務を終了することはもちろん必要なことです。しかし、サービス提供の対象である入所者や利用者は、一定の時間で思い通りに動いてくれませんし、認知症の人はなおさら思い通りにはなりません。

ですから、職員に厳しく業務時間管理を強要すると、自分の思い通りに入所者や利用者を動かそうとして、職員は無理をせざるを得なくなります。認知症の人を無理に動かそうとすれば、トラブルが生じやすくなりますので、特に入浴介助は注意しなければなりません。少しくらい時間制限にアローアンス（許容範囲）をつくって、「今日は時間が延びてしまったが、仕方がない」と寛容にすることで、無理なケアをしなくて済みます。ちなみに、食事時間の制限が

解説編

厳しい施設は、誤えんが多いと言われます。終了時間を守ろうとして無理な食事介助をすることが原因なのです。

②局所的な人員配置の改善

　人員配置という点で最も大きな虐待発生の要因となるのは、夜勤帯の人員配置です。夜勤帯に職員配置が「20対1」であることは、当たり前になっています。認知症の重い入所者が居るユニットなどで、2ユニットを1人の職員が担当するのは無理があります。かと言って、これを改善する、つまり人員配置を増やすことは、コスト面で容易なことではありません。

　最近では、遅出・早出・夜勤・準夜勤など、シフトを何種類も作って、より忙しい時間帯や危険な時間帯にシフトを厚くしているところもあります。また、午前0時から4時までの時間帯だけ、3フロアに4人のシフトにして、1人が「いざという時のお手伝い要員」としている施設もあるようです。

③緊急時のサポート体制の確立

　緊急時のサポート体制とは、危険な状況になったとき、他の職員が危機に陥った職員を助ける仕組みのことです。それには、自分が危機に陥ったことに早めに気付いて、気軽に他の職員に助けを求められるようにしなければなりません。

　しかし真面目な介護職員ほど、他の職員に迷惑を掛けることをよしとしませんから、独りで頑張ろうとして危険な状態に陥ります。「何かあったら一声掛けてね」と言っても、それでも独りで頑張ってしまいますから、前述の「いざという時のお手伝い要員」は声を掛

けやすくてよい仕組みです。

　また、ある施設では4フロア4人の夜勤職員全員にインカムを装着してもらいました。初めはお互いに遠慮してしゃべらなかった職員が、しばらくすると世間話をするようになり、夜勤の孤独と不安感が驚くほど軽減したそうです。平常時からコミュニケーションをとっていると、いざという時、すぐにでも声を掛けられるようになるようです。いまや、外食産業や量販店では当たり前のインカムですが、夜勤職員へのインカムの導入は画期的で大賛成です。

　緊急時には独りで頑張らないで、他の職員に応援を求めることが重要です。これは施設や事業所全体で認識し、ルールとして確立することが求められます。

④最も危険な場面を知っておく

　虐待リスクの高い危険な場面で虐待を回避するためには、危険な場面が迫ったことに早く気付いて他の職員にサポートを求めなければなりません。認知症の入所者・利用者の重いBPSD、職員の体調不良など、悪条件が揃ったら早めに助けを求めるのです。

　危険な場面を察知するためには、「職員の理性を失わせる重いBPSDとは何か」を知っておくことも重要です。暴力行為や不潔行為など、介護職員に大きなストレスを与えるBPSDによる行為はたくさんありますが、最も理性を狂わせる認知症の入所者・利用者の行為とはどのようなものなのでしょうか？

　介護職員が、認知症の入所者・利用者のBPSDで、自己の感情のコントロールができなくなる行為について、介護職員211人へのアンケート調査を行ったところ、結果は表1の通りで、最も理性を失

解説編

いやすい行為は「同じ行動を何度も繰り返す」ことでした。なんと暴力行為や不潔行為よりもストレスが強いというのです。

　常同行動（常同行為）と言われる行為で、同じ行動や同じ言葉を際限なく繰り返す、知的障害のある人にも多い行動です。一見、何の意味もないように見える行動でも、目の前で何度も繰り返されることによって、イライラして止めさせたくなります。ある介護職員は「脳みその歯車が壊れそうになる」と表現しました。

　このような大きなストレスになる行動も、それを知っておけば、自分の危険な場面に遭遇していることに早く気が付くことができるのです。ある施設長は「下痢をしているときに認知症の利用者が暴言を繰り返し始めたら、その場から逃げた方がよい」と言いました。このように、虐待につながる危険な場面の情報を全職員で共有することで、お互いのサポートがしやすくなるのです。

表1　認知症の BPSD で感情のコントロールができなくなる行為

順位	BPSD による行為
第 1 位	同じ行動を繰り返す（常同行動）
第 2 位	暴力をふるう
第 3 位	夜間ナースコールを頻繁に押す
第 4 位	汚い言葉で罵る
第 5 位	不潔行為（弄便、たん・つばを吐く）
第 6 位	頻繁にトイレコールを鳴らすが行っても出ない
第 7 位	指示に従わない
第 8 位	食事に時間がかかる
第 9 位	薬をのまない
第 10 位	セクハラ行為

第2章　現場で取り組む虐待防止策──6つのケースで考える虐待発生の原因と対策

Ⅱ　職場のモラル低下で複数人により虐待するケース

(1) 原因分析

　なぜ、職場全体のモラルが低下して虐待していることにも気が付かない状態が発生するのでしょうか？　職場のモラルの低下による虐待事故の原因を知るためには、モラル低下の進行プロセスを理解しておくことが重要です。実際に起きた事例でご説明しましょう。

　①最初は2人の職員による、隠れた場所での愚痴による憂さ晴らしから始まる

　　きっかけは他の職員を扇動するのが上手な、モラルの低い職員の働きかけから始まります。休憩室などで他の職員に対して「公然とは言えないここだけの話」をして、一緒に仕事の鬱憤を晴らそうと誘い込むのです。

　②2人の愚痴が「入所者・利用者への暴言」にエスカレートする

　　相手がモラルの低い話に誘い込まれると、汚い言葉を使ってモラルを下げていきます。愚痴がエスカレートし、入所者や利用者に対する暴言が始まります。人間の悲しい性で、汚い言葉で人を罵倒すると、一瞬スッとしてストレスが軽減されるのです。ここまでは2人だけの秘密の憂さ晴らしで済んでいます。

73

解説編

③次第に複数の職員が憂さ晴らしに加わり、さらに暴言がエスカレート

　２人だけの秘密の憂さ晴らしに、他の職員も加わり、さらに暴言がエスカレートしていきます。「みんなで渡れば怖くない」といった具合に、人数が増えれば休憩室以外の職場にも少しずつ広がります。

④職場でも「職員のひとり言」「小声の暴言」として現れる

　職場内でも「舌打ち」や「独り言の愚痴」などを言う職員が増えて、職場全体の言葉遣いが悪くなっていきます。管理者や役職者のいないところで、汚い言葉が飛び交い、職場全体のモラルを下げていきます。この時点で真面目な職員は咎めようとしますが、多勢に無勢で負けてしまい、辞める職員も出てきます。

⑤入浴介助など複数の職員の閉ざされた職場で公然と暴言が飛び交う

　入浴介助など、役職者や家族の目が届かない場所で汚い暴言が飛び交い、入所者や利用者の人格を貶めるような言葉が日常的に使われるようになります。

⑥暴言から不適切で乱暴な介護へとエスカレート

　次第に、暴言だけでは収まらずに、「ドスンと車椅子に落とす」「ベッドに転がす」など、暴力的な介護へとエスカレートして行きます。職場の介護職員のほとんどが虐待に加担していますから、家族からの通報などがなければ改善する見込みはなくなります。

74

図1　職場モラル低下の進行プロセス

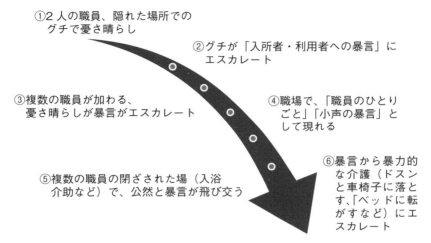

これらの職場ぐるみの虐待行為の原因は、「他の職員を扇動するモラルの低い職員とこれに加担した周囲の職員」です。2006年に東大和市の特別養護老人ホームで、職員が性的暴言を吐き家族に録音された虐待事件がありました。後に多くの職員が同じような暴言を吐いていたことがわかり世間を騒がせましたが、このようなプロセスで起きた虐待事件と考えられます。

(2) 対策

人間は、他人の悪口を言ったり、他人を見下したりすると、一時的に気分がよくなる傾向があると言われています。しかし、このような行為がエスカレートし、職場全体に広がると、職場のモラルが低下し

解説編

ます。

　先に解説したとおり、職場のモラルの低下は、最初は2人の職員が隠れた場所で愚痴を言い合うことから始まります。その愚痴がエスカレートし、入所者・利用者への暴言につながります。次第に複数の職員が参加し、暴言が飛び交うようになります。最終的には、暴言から暴力的な行為へとエスカレートし、職場全体が混乱することもあります。

　モラル低下の防止対策としては、まず、管理者やリーダーが、このモラル低下の発生メカニズムを理解することが重要です。このメカニズムを理解した上で、適切なタイミングで防止のための取組みを実践していくことが必要となります。取組みの例は表2のとおりです。

　特に、職員の不適切な言動に対する指導は重要です。乱暴な言葉や不適切な行動が職場で行われるようになったら、それは職場のモラルが低下している証拠と言えます。そのような状況にならないように、管理者が指導を行い、その結果を上層部に報告する仕組みを作ること

表2　職場のモラル低下防止のための取組み

取組みの例	取組内容
BPSD の改善のための勉強会	「認知症ケア向上委員会」を作り、認知症入所者・利用者の BPSD の改善と認知症入所者・利用者への対応について、定期的な勉強会
管理者と主任で定期的に打ち合わせ	介護主任が介護職員の「秘密の憂さ晴らし」に気付き、是正指導ができるよう主任と管理者で対策会議
接遇向上	職員同士の言葉のモラル低下を防ぐため、現場の個別指導と入所者・利用者に対する接遇向上の勉強会
職員の不適切な言動への指導	「乱暴な言葉遣い」「物に当たる」「粗雑な介護」など、職員の不適切な言動への対処について、管理者と主任で定期的な話し合い

76

が必要です。

　また、乱暴な言葉や不適切な介護が現れたときには、早急に対策を講じる必要があります。モラル低下を止められないと、最悪の場合、一部の職員の配置転換が必要になることもあります（詳細はⅢ参照）。

　なお、**表2**の取組みは一例であり、これがすべての解決策ではないことは言うまでもありません。職場のモラル低下は複雑な問題であり、その解決には職場のモラル低下は頻度が少ないことと、有効な未然防止策がないので、「モラル低下の兆候に素早く気付く」「気付いたらモラルを低下させている職員を異動させる」などの迅速な対応がポイントになります。

解説編

III　著しく適性を欠く職員が虐待するケース

(1) 原因分析

　介護職員に不向きと考えられる職員の性格とは、どのような性格でしょうか？　筆者らが多くの虐待事故の事例から分析した加害職員の性格は、おおよそ次のようなものです。これらの性格の人がすべて向いていないわけではありませんが、入所者や利用者とトラブルを起こしやすいなど、頷けるとことがたくさんあります。

①怒りの衝動を抑制できない人

　誰でも怒りたくなることがあります。怒りの衝動を起こす原因はたくさんあります。不正に対する正義感、侮辱された口惜しさ、思い通りにならない不満など、私たちは仕事をしているといろいろな場面で腹を立てています。多くの人は怒りの衝動を理性でコントロールして抑制できますが、抑制が効きにくい人もいます。

　このような人は、怒りを感じたとき、その衝動を相手や周囲の人にぶつけてしまうのです。「キレる」という言葉に象徴されるように、普段は穏やかなのにその豹変ぶりに周囲も驚く場合があります。その後、本人も反省して自己嫌悪に陥り周囲に謝るのですが、また繰り返します。

②気が短くせっかちな人

　気が短い人もいればおっとりしている人もいます。持って生まれた性格かもしれません。少しくらい気が短くても周囲の人と問題は起こりませんが、極端に短気な性格で周囲の人のペースが許容できなくなると問題を起こします。通常はイライラしても表に出しませんが、体

78

調が悪かったり虫の居所が悪かったりするときには癇癪を起こします。お年寄りは動作や行為がゆっくりに決まっていますから、これを許容できなくなるとストレスになり、粗暴で強い言動が現れたら危険信号です。

③被害妄想的な人

　目立たない大人しい性格の人の中には、自分に自信がなく劣等感や被害者意識を持っている人がいます。このような人で自信のなさや劣等感から傷付きやすくなっている人は、自分に対する人の評価などに過剰に反応して、攻撃的になることがあります。普段、優しくしてくれる人の言動も自分の思いに反すると、それを攻撃と受け取り激しい怒りを覚えるのです。誠実に見えるため、周囲も攻撃的な行動をすると思っていませんが、極端に被害者意識が強くなると、人の見えないところで陰湿な仕返しをすることがあります。

④自分を大切にし過ぎる人

　自分が正しいと思い込み、他人の意見を聞かず、尊大な態度で他人を見下すなどの言動がある人は２種類のタイプに分かれます。

　１つは自信と劣等感が共存しており、劣等感にさいなまれることを避けるために、尊大な態度を取るタイプです。もう１つは、発達段階の子供の「ワガママ」がそのまま残っているタイプで、自分を大切にする感情が強すぎるタイプです。

　自分を大切にする感情は私たちが生きて行く上で不可欠で大切なものですが、極端に自分を大切にし過ぎると、周囲の人を見下して尊大な態度になり、ときには人を人として扱うこともできなくなります。

⑤乱暴で粗野な言動の人

　性格は攻撃的でないのに、言葉遣いや態度が乱暴な人がいます。多

くは明るく裏表のない性格なのに、育った環境や友人などの人間関係によって言動が粗野になってしまっただけです。しかし、乱暴で汚い言葉や軽い力で小突くなどふるまいは、相手に対して恐怖感を抱かせ「乱暴な扱いを受けた」「虐待された」との強いクレームにつながります。傍から見れば暴力でも、本人は「わざとやったわけじゃない」「悪気はなかった」と"少しくらい"という認識しかありません。

⑥一見正義感がありそうだが度が過ぎる人

　長い物に巻かれることができないこれらの性格の人は、潔癖症とも言えます。自分の狭い価値観で正しいとされることを主張し、周囲の人にも自分の正しさを認めさせようとします。公共性も社会貢献性も高い介護業界は、正しいことを主張する自分に合っていると考えています。しかし、この独善的な価値観は寛容性に欠けるため、正しいと信じる自分の主張を認めない人を悪とみなして攻撃します。多くの場合、面と向かって人を攻撃することはなく、匿名のメールやSNSの書き込みなどでストレスを発散します。

　筆者らは、このような性格の職員が職場でどのような不適切なふるまいをするのか例を挙げて、職場の責任者であるリーダーたちと共有しています。このような性格の職員に注意しろというわけではなく、日々の指導の中で不適切な言動の是正に役立ててもらっているのです。

(2) 対策

　介護職は特定の適性が必要な職業であり、誰でもできる仕事ではないと筆者は考えています。介護職員として働くためには、介護サービ

スの技術と介護の仕事の適性（仕事に向いた性格）が必要です。介護技術については、資格を取ったり研修を受けたりすることで身に付けることができますが、介護職に対する適性（性格の向き・不向き）は研修などで身に付けることが難しい能力です。性格が向いていない人のすべてが、適性がないというわけではありませんが、極端に適性が欠ける（性格が向いていない）人材は、職場でさまざまな問題を引き起こし、最悪の場合は高齢者虐待などの不祥事につながります。

　適性のない職員による虐待防止対策として、まずは、介護職として不適切な言動を指導し、その報告書を法人に提出します。指導報告書が何度も出される場合には、法人の本部主導で対策を協議します。

　また、介護職としての適性が著しく欠けている場合には、配置転換を検討します。

　これらの対策は、組織全体として取り組むべきものであり、組織としての制度を適切に運用することが重要です。

①不適切な言動への指導

　現場のリーダーは、職場での不適切な言動を指導し、その報告書を組織に提出することが求められます。例えば、怒りっぽい性格の職員が入所者・利用者に不適切な発言をした場合など、そのような場面があったら必ず指導し、報告書を提出するようにします。

　ただし、リーダーの指導だけでは不十分であり、不適切な言動が度重なる場合には、施設・事業所や法人としてどのように対応するかのルールを明確にしておく必要があります。後述の②を参照してください。

　ここでは、筆者が関わった法人で作成したルールについてご紹介します。これは一例であり、参考としていただければと思います。

解説編

◆介護リーダーあて「介護職員として著しく適性のない人材について」（一部抜粋）

介護の仕事の適性が欠ける人は、職場での言動に現れることがありますから、**介護職場のリーダーは適性に欠ける人材の行動パターンや性格を理解し、著しく適性のない人材に対しては問題が起きる前に適切な対処をしなければなりません。**

例えば、認知症の利用者が介護職員の思う通りにならない場面で、突然介護職員が持っていたオムツを床に叩きつけて「いいかげんにしろよ！」と怒鳴ったとします。職場を預かるリーダーであるあなたは、その言動に対して指導し正さなければなりません。

しかし、あなたが注意しても介護職員が自分を正当化して非を認めなかったらどう対処しますか？　職場のモラルに悪影響を与えたり、利用者の人権を損なうような言動をする**典型的な**例を挙げましたので、必要と判断したらダイレクトラインを通じて法人本部コンプライアンス委員会に連絡してください。

①怒りの衝動を抑制できない人

■突然怒り出すＡさん

Ａさんは大変怒りっぽい性格で、カンファレンスなどでも気に入らないことがあると、プイと出て行ってしまったりする少し困った職員です。ある時、認知症の入所者がＡさんの腕を思い切りつねったため、Ａさんは大声で「何すんだ！いてぇだろ、覚えてろよ！」と入所者を罵倒しました。すぐにリーダーが止めに入り注意しましたが、「３回目なんだよ、もう我慢できねえ」と興奮気味に自分を正当化して耳を貸しません。

②気が短くせっかちな人

■ゆっくりなペースが許せないBさん

　Bさんは自他ともに認める気短でせっかちな人です。ある時、食事の介助をしていたBさんは、いつものように食べ物を飲み込んでくれない入所者の口元にスプーンを運んで待っています。「早く食べてね、時間がないんだから」と少しイライラしていましたが、突然入所者が食べ物を吐き出してしまいました。Bさんは突然大声で「なんでここで吐くのよ、もうやってらんない！」とスプーンをテーブルに叩きつけました。

③被害妄想的な人

■劣等感と被害者意識が強いCさん

　Cさんは、目立たないおとなしい性格です。仕事に対しては真面目なのですが自信がなく、自分の劣等感を愚痴ったり、少し強く言われるとすぐにくよくよと悩んでしまいます。ある時、Cさんは仲の良い入所者と話をしていて「あんたは気が弱いから損なんだよ、ホントにダメだね！」と強く言われました。それ以降Cさんは、その入所者に声を掛けられても無視し、つらく当たるようになりました。ある時Cさんは、その入所者の床頭台に「お前なんか死ねばいい」と書いた紙を置きました。

④自分を大切にし過ぎる人

■自分が正しいと譲らないDさん

　Dさんは人の意見に耳を貸さず、会議などでも自分の意見に固執します。お酒の席では態度が尊大になり、同僚を無能だと言ったり、入所者に対しても冷酷な表現を平気でします。ある時、ちょっと口の悪い入所者に「なんで言われた通りにできないんだ」と咎められたDさんは、急

解説編

に真顔になって「あんたなんかに偉そうに指図される覚えなんかない
わ！」と怒鳴ってしまいました。

⑤乱暴で粗野な言動の人

■「荒っぽい性格」を自認するEさん
　Eさんは30代、介護職になって3カ月です。それ以前は、別の業界
で働いていました。長年、介護職として働いている職員の中では少し
異質な存在で、「俺は口は悪いけど、性格は優しいんだ」と荒っぽい性
格であることを自認しています。ある時、男性入所者から「なぜ男の
クセに髪が茶色なんだ」と言われ、Eさんは「どこが悪いんだ、放っ
とけよ、じいさん」と言って肩を押してしまいました。Eさんはすぐ
に「悪い悪い、ついカッとなって」と詫び、注意したリーダーに対し
て「悪気はなかったんだよ、謝っただろう？」と言いました。

⑥一見正義感がありそうだが度が過ぎる人

■自分が常に正しいFさん
　5年前に他の業界から介護業界に転職してきたFさんは、周囲の人
からは「正義感は強いが融通が利かない人」と思われています。職員
が急に辞めて人手不足でFさんの夜勤が増えた時には、「介護の業界の
人は我慢し過ぎよ、権利は主張しなくちゃ」と周囲にも同調を求めま
した。ある時、急性アルコール中毒で事故を起こし障害で入所した入
所者に対して、「なんでアンタのような人の面倒をみなくちゃならない
の」と発言したことが問題になりました。FさんのSNSには「こんな
社会の脱落者に尽くすのは不条理だ」と書かれていました。

第2章　現場で取り組む虐待防止策――6つのケースで考える虐待発生の原因と対策

　いかがでしょうか。不適切な言動と言っても基準があるわけではありません。ありませんから、虐待につながるおそれのある言動の例を示して、指導するリーダーに理解してもらわければなりません。

②不適切な言動への法人対応のルール化

　適性を欠く職員による不適切な言動への対応にあたっては、法人としてその対応をきちんとルール化しておくことが重要です。

　なお、ここでいう職員の「不適切な言動」とは、次の①～③をいい、直接、就業規則違反には該当しないもののそのおそれがある場合、若しくは、事故や虐待、入所者・利用者や家族のクレームにつながる行為をいいます。

---

①　虐待や入所者・利用者の事故につながる可能性がある言動

②　職場のモラルを低下させる言動

③　法人の社会的信用の失墜につながる言動やSNS書き込み

　対応の手順は図2のとおりです。

①不適切な言動への指導報告書

　職場のリーダーが直接把握した言動について管理者に報告の上、指導を行い指導報告書を法人本部の総務部門へ報告します。

②総務部門判断による委員会報告

　複数回の指導による改善の可能性が低いと判断した事案若しくは、緊急性があると判断される事案を総務部門が、コンプライアンス委員会若しくはリスクマネジメント委員会に報告します。

　事故や不祥事の回避のための緊急性について判断できない場合は、

解説編

図2　介護職としての適性を欠く不適切な言動への対応の手順

不適切な言動への指導報告書

▼

総務部門判断による委員会報告

▼

コンプライアンス委員会で討議

▼

委員会による役員会提言

▼

配置転換など役員会決定

役員会に判断を一任します。

　当該職員を職場から排除する緊急性が高い場合は、別途口頭で報告する必要があります。

③コンプライアンス委員会で討議

　委員会に報告が上がってきたら、その職員の不適切な言動によって予測されるリスクや職場への悪影響などを考慮し、対応方針と職員の処遇を検討します。検討は迅速に行い、委員会としての方針を決定できない場合は、そのまま役員会に上げて判断を一任します。

④委員会による役員会提言

　コンプライアンス委員会（リスクマネジメント委員会）で「改善の可能性」と「緊急対応の必要性」の2つの観点から、職員の現職場配置の是非を判断して、役員会に提言を行います。

86

事故や虐待の回避のため緊急性がある場合は対応手段も提言します。

⑤配置転換など役員会決定

委員会の提言を受け、役員会は職員の処遇について役員会で決定します。

特に、事故や虐待などの回避の必要性がある場合は、自宅待機などの仮処分決定も役員会で行います。

以上が著しく適性を欠く職員への対策の例です。

適性を欠く職員への対応では、懲戒や配置転換などの人事労務管理上の問題が重要になりますから、施設や事業所の管理者が対応するのではなく、法人の本部スタッフが主導で対応しなければなりません。

解説編

Ⅳ　家族のハラスメントへの反抗から虐待するケース

　このカスタマーハラスメントが原因で起きる虐待の防止対策はカスタマーハラスメントにきちんと対抗策を講じて防止することです。家族や入所者・利用者からのカスタマーハラスメントに対する対抗策をきちんと実施できれば、その反撃に対する虐待が起こることはありません。しかし現状では、家族や入所者・利用者からのカスタマーハラスメントに対して、組織として毅然とした対抗策を講じられているかと言うと、そう簡単ではありません。近年では、東京都が「東京都カスタマー・ハラスメント防止条例」を制定（2025年4月施行）するなど、社会的にも大きな問題になっているハラスメントですから、きちんと法人として取り組む必要があります。ここでは、カスタマーハラスメント対策へのポイントを紹介します。

（1）介護施設・事業所では解決が難しいカスタマーハラスメント

　施設・事業所の現場では相変わらず、理不尽な要求を暴力的・威圧的な手段で押し通すハラスメント行為者への対抗措置ができていません。メンタルを患って失職する職員が出ているのに、なぜ介護事業経営者は手を拱いているのでしょうか？　それは、カスタマーハラスメント対策が介護事業経営者に任されてしまっているからです。

　ハラスメントによる労働者の被害が社会問題になってから長い時間が経ち、ハラスメントの種類は数えきれないほどに増えて、経営者の意識も大きく変わりました。セクハラ防止法（2006年の改正男女雇用機会均等法）やパワハラ防止法（2019年の改正労働施策総合推進法）

の施行によって、事業者はその防止措置を法律で義務付けられましたから、経営者も厚生労働省のマニュアル通りに対策を進めることができました。

　ところが、カスタマーハラスメントは消費者から従業員に対する攻撃行為ですから、事業者内で規制することができませんし、防止法を制定することも不可能です。カスタマーハラスメント対策は、事業経営者自らが対抗策を考え、具体的な対抗手段を講じていかなければ、誰も助けてくれません。放置しておくとどうなるでしょうか？　カスタマーハラスメントを放置した施設・事業所では、生活相談員や介護主任がハラスメントをする家族に対抗しようとしない管理者に失望し、他の法人に移って行くという事態も生じています。

（2）カスタマーハラスメント対策の取り組み方

　では、カスタマーハラスメント対策はどのように取り組めばよいのでしょうか？　まず、各施設や事業所で取り組んでも、決して成功しません。必ず法人全体で取組みの体制をつくることから始めなければなりません。

　以下に手順を示しますので、参考にしてください。

①カスタマーハラスメント防止への法人の体制構築
　➡本部担当者と施設・事業所管理者でプロジェクトチームを作り、取組みの準備として法人でカスタマーハラスメントの定義を決めます。

89

②カスタマーハラスメント防止の取組みを周知（職員と入所者・利用者、家族）

　➡法人の取組方針と定義を、職員と入所者・利用者、家族に周知するため案内を発送し、ポスターを作り施設・事業所内に掲示します。

③カスタマーハラスメントの実態調査と個別取組案件の把握

　➡職員全員にアンケート調査を実施し、ハラスメントの実態と個別案件を把握します。個別案件については、ハラスメント行為の内容と被害の状況を職員本人に確認します。

④ハラスメント行為の評価と個別案件への対抗策の検討

　➡個別のハラスメント案件の違法性などを評価の上、法的措置などの対抗手段を検討し弁護士などに確認します。

⑤法的措置を前提とした個別案件への対抗

　➡刑事告発・契約解除など法的対抗措置を明示して通知し、ハラスメント行為の中止を要求します。

①カスタマーハラスメントの定義を決める

　前述のような手順で取組みを進めますが、一番の難問はカスタマーハラスメントの定義を決めることです。厚生労働省のサイトには、「カスタマーハラスメント対策企業マニュアル」と「介護現場におけるハラスメント対策マニュアル」という2つのマニュアルが掲載されていますが、あまり参考になりません。ここでは、筆者らがいくつかの法人と取り組んで作成したモデルをご紹介しますので、参考にしてください。

　次に重要なことは、カスタマーハラスメント行為があった時、これ

第 2 章　現場で取り組む虐待防止策——6つのケースで考える虐待発生の原因と対策

表 3　カスタマーハラスメントの定義（例）

種類	内容	言動の例
悪質クレーム（理不尽な要求）	入所者・利用者の公平性に反する身勝手な要求	「母だけ毎日入浴させろ」と要求する
	実現不可能とわかっている要求	「（家族が）俺をここに住まわせろ」と要求する
	著しく業務の支障となる要求	「介護記録を毎日メールしろ」と要求する 自分の要求が通らず延々と電話を切らない
	過剰な見返りや要求	「謝罪の品があるべきだろう」と金品と要求する 施設・事業所側の誤りや瑕疵について、必要以上に回答や改善を求める 「高齢者なんだから」と、老化を理由に過度な要求をする
暴力的・威圧的言動（身体的攻撃など）	暴力を振るう	殴る、蹴る、小突く、胸ぐらをつかむ、椅子を蹴る、水をかける
	暴言を吐く（脅迫する）	「殺すぞ」「殴るぞ」「火をつけてやる」「痛い目に遭わせるぞ」「訴えてやるぞ」「訴えられたくなければ、言うことをきけ」
	物を叩く、大声を上げる（怒鳴る）	大声で文句を言う、机を叩く・強く蹴飛ばす、足を踏み鳴らす
	行為を強要する	謝罪文を書かせる、「大声で謝れ」
嫌がらせ行為（精神的攻撃）	職員の著しい精神的負担（強いストレス）となる言動	要求を1時間繰り返す、1日10回同じ要求を言う、大声で泣きわめく、毎日同じ要求を繰り返す
	職員の著しい精神的苦痛につながる言動（侮辱発言など）	「生きている価値がない」「職員失格だ」「本当に学校出たの？」「低能だな」「辞めてしまえ」「死ねばいいのに」
性的嫌がらせ行為（セクシュアルハラスメント）	職員へのセクハラ行為	身体に触れる、性行為を要求する、性的表現をする、生理や妊娠について聞く
	性差別的な言動	「女（男）のくせに」「女は口ごたえするな」
	ストーカー的行為	まとわりついて離れない

91

解説編

らの行為がどのような行為かを評価して可能な法的措置を検討することです。例えば、職員に向かって「ぶっ殺すぞ！」と相手が言えば、これは脅迫罪という刑法に抵触する犯罪行為ですから、警察に告発するなどの厳しい対抗措置も可能になるのです。筆者らは、表4のように4種類に大別して評価をしています。

表4　カスタマーハラスメント行為の4つの評価

違法行為	暴力行為やわいせつ行為などの違法行為。刑法に抵触すれば犯罪行為となる
不法行為	相手の権利を侵害する行為によって損害を与える行為
債務不履行	契約上の規定に違反する行為または不誠実な行為
法的対抗措置不可	上記に該当しないが職員の健康被害につながる恐れがある行為

②カスタマーハラスメントを止めさせるには

　相手の行為に対して法的対抗措置が明確になれば、職員の被害が大きくなる前に迅速に対抗措置を示して、ハラスメント行為の中止を要求します。本章の事例のような家族による威圧的・暴力的な行為を伴うカスタマーハラスメントへは、迅速に強力な対抗措置を執らなければなりません。暴言や暴力などのカスタマーハラスメントは犯罪行為に該当することが多いので、表5のような行為に対しては、警察への告訴が必要になりますから、管理者が知識を持っていなければなりません。スーパーやフードサービスでは今日、カスタマーハラスメント防止対策として店長教育が重要とされていますので、介護業界も見習わなくてはなりません。

第2章　現場で取り組む虐待防止策——6つのケースで考える虐待発生の原因と対策

表5　犯罪行為になるカスタマーハラスメント

暴行罪	殴る蹴るなどの暴力行為の他にも、頭を小突く、襟首をつかむなど
傷害罪	暴行の結果、傷害を負わせた場合
監禁罪	脅して帰れなくしたような場合
強要罪	無理矢理土下座させて謝らせるなど
脅迫罪	「お前ぶっ殺してやる」と言葉で脅すなど。PTSD（心的外傷後ストレス障害）になれば傷害罪
恐喝罪	脅迫して金品を提供させるなど
不退去罪	「帰ってください」と何度言っても居座るなど
名誉毀損罪	公の場で人を誹謗中傷するなど
侮辱罪	人を侮辱して精神的苦痛を与える
威力業務妨害罪	1日に何度も電話でクレームを言ってくる（判例では1日14回）など

解説編

Ⅴ　おもしろ半分の悪ふざけで虐待するケース

(1) 原因分析

　なぜ、職員のおもしろ半分の悪ふざけが虐待として虐待通報されるのでしょうか？　考えてみましょう。

①職員の倫理観の欠如

　まず、介護職員としての倫理観やプロ意識が欠如していたことが原因として挙げられます。介護職員は入所者・利用者の尊厳を守ることが求められますが、事例（P.58）の女性職員は入所者を個人の娯楽の対象として扱い、その行為を公にしたことで入所者の尊厳を著しく侵害しました。また、個人情報の保護も重要な職務の1つであり、その観念が欠如していたことも問題です。

②教育・指導体制の不備

　このような事例が起きると、施設の教育・指導体制にも問題があると考えられます。新人職員に対する倫理教育やプライバシー保護に関する教育が不十分であった可能性があります。また、職員間でのコミュニケーションが不足していて、問題行動を早期に発見・是正できなかった可能性もあります。

③ 施設の対応の遅れ

　事例から、施設の対応が遅れたことも原因として考えられます。不適切な行為が発覚した際に、施設側がすぐに対応し、適切な処分を行い、入所者やその家族に対して説明・謝罪を行うことが重要です。

　しかし、この事例では、施設側が依願退職という形で事態を収束させようとしたことが、家族の怒りを増幅させ、結果的に虐待通報につ

ながったと考えられます。

(2) 対策

　このケースは、倫理観が欠けている職員がおもしろ半分の悪ふざけ行為で入所者の人格を貶めるような行為をするケースですが、高齢者虐待防止法の虐待の定義には「入所者・利用者の人格を貶める行為」はありませんから、厳密には「人格尊重義務違反」であり虐待行為には該当しません。しかし、保険者である市町村は独自の判断と基準で、虐待行為と認定しています。ですから、職員には「入所者・利用者の人格を貶めるような悪ふざけ」が虐待とみなされることを知ってもらわなければなりません。では、どのように教えたらよいでしょうか？

　まず、「入所者・利用者の人格を貶める行為（尊厳を損なう行為）をしてはいけません」と教えても、理解してもらえません。これらの行為がどのような行為なのか例示して「介護職員としてこんな行為はやってはいけない」と教えなければなりません。また、人格尊重義務違反は指定の取消しという厳しい罰則があることも教えます。

　筆者らは新任職員研修や虐待防止研修で「介護職員のための大切なルール」という動画を見せて、研修を行います。また、同内容の冊子を配って必ず2回読み直すように徹底します。この動画（冊子）の内容は、次の通りで各事例についてどのような罰則を受けたのかも載せています。

　・事故につながる危険な介助方法
　・虐待や身体拘束につながる不適切なケア
　・就業規則や職務規律に違反する行為

解説編

・個人情報保護法に違反する行為

　特に若手職員は具体的な事例で示さなければきちんと理解してくれませんし、その行為を行うことが自分の不利益につながることを教えなければ抑止力になりません。

　また、不祥事の事例をグループ討議し、どこが問題で何をすべきか、何をすべきでないかを話し合うことも有効でしょう。

　図4に、筆者が行っている「事例から学ぶ　モラル・コンプライアンス研修」の一例を紹介します。

　この研修は、コンプライアンスに違反する行為（法令やルール違反、不適切な行為）の事例から、その原因を職員同士で考えることによっ

図3　違反事例でルールを教える例

図4　事例のグループ討議の例

Ｎｏ３：忘年会で盛り上がり利用者にもカツラをかぶってもらった

次の事例について違反する規則は何かを考え、防止策について討議して下さい。

◎コンプライアンスに違反する事例

クリスマスの行事のアトラクションで、職員が禿げ頭のカツラを買ってきてかぶり利用者にウケて盛り上がった。盛り上がったついでに、認知症の男性利用者の頭にカツラをのせたら、利用者にもウケて大笑いになった。職員の何人かが自分のポケットからスマホを出して写メしていた。

■職員の行為はどのような規則に違反するでしょうか？

■このような行為を防止するためにはどうしたら良いでしょう？

て、不祥事を防止することを目的としています。介護の仕事は、一般の業種とは異なり、認知症などの障害のある人へのサービス提供であり、ちょっとした軽はずみな行動が入所者・利用者を傷付けるおそれがあり、職員には高いモラルが必要とされます。

　例えば、職員のおもしろ半分の悪ふざけが認知症の入所者・利用者の人格を貶め、それが虐待となることを理解してもらうために、事例を用いた研修を行うのです。

　しかし、この研修を行う中でも困難な事態が生じています。それは、ある時、職員が認知症の男性の頭にカツラを載せて笑いを誘った事例を取り上げたところ、若い職員から「なぜ、いけないのか」という声

解説編

が上がりました。彼らは、認知症の男性も楽しそうだったから問題ないと考えていました。

　しかし、認知症の入所者・利用者の人格を損なう行為は許されません。このようなおもしろ半分の悪ふざけが虐待につながることを理解してもらうために、具体的な事例を挙げて教える研修を繰り返し続けていくことが重要であると考えています。

VI　センサーマットの頻回なコールが虐待を引き起こすケース

（1）原因分析

　前述の事例（P.59）ではなぜ、センサーマットの頻回なコールが虐待行為を引き起こしたのか、考えてみましょう。

①センサー・ストレスへの管理の甘さ

　夜勤帯に、執拗にセンサーコールが鳴り続けると冷静さを失うことは十分に考えられます。まじめな職員ほど「センサーを外してしまえばよい」とは考えませんから、我慢して対応を重ねるうちに理性による感情のコントロールが難しくなります。もちろん、センサーコール対応が原因だとしても虐待行為が許されるわけではありませんが、施設はセンサー機器の設置運用のリスクと対策をきちんと考えなければなりません。

②施設の設備やシステムの不備

　PHSを導入していないことで、センサーコールへの対応が不便であり、ストレスやイライラがさらに増幅された可能性もあります。施設側の適切な設備投資やシステム改善の必要があるかもしれません。

　なお、事例ではセンサーマットの頻回なコールに焦点を当てていますが、それ以外にも、認知症のある入所者への対応や人の少ない夜勤帯での対応に関する問題も複合的に絡み合って起きていることは言うまでもありませんので、「理性を失って虐待するケース」の原因分析も参考にしてください。

解説編

(2) 対策

　多くの施設・事業所では、認知症の入所者・利用者を中心にセンサーマットや離床センサーを設置し、居室での転倒転落事故を防ぐ取組みを行ってきました。しかし、センサー機器の増加に伴い、特に夜勤帯の職員の負担が増大し、頻繁に鳴るセンサーコールが原因で、職員が理性を失い、入所者・利用者への虐待事件につなっているという深刻な問題が生じています。

　このような状況に対しては、職員の負荷軽減と虐待防止のため、センサー機器設置に関するルールを定め、運用についての基準を設けることが必要です。

　ここでは、センサー機器設置のルールと運用の基準について、解説しますが、その前に、センサーマットの設置義務について考えてみましょう。

　本章で取り上げた事例のような、行動が活発で何度もセンサーコールが鳴るような入所者に対して、センサー機器を設置することは、はたして妥当といえるのでしょうか？

　職員は精神的にも参りますし、あまりに頻回に鳴ったのではリスクに対応するセンサー機器の機能も果たせません。

　センサーマット（若しくは離床センサー）の設置義務を巡って賠償責任が争われた裁判は、大阪地裁判決（平成29年2月2日）など3件あります。

　これらの判例を検証すると、センサーマットの設置は「重大事故につながる切迫した危険が予測できる場合でかつ設置する機器が存在する場合に設置義務が認められる」と解釈することができます。

100

第 2 章　現場で取り組む虐待防止策──6つのケースで考える虐待発生の原因と対策

　したがって、センサー機器設置のルールを定める際は、以下の4つについて決めておくことが必要となります。

> ①　設置の対象となる入所者・利用者
> ②　センサー機器設置の管理
> ③　センサーコール対応のルール
> ④　センサー機器設置に関する家族への説明

　これらの4項目について、運用の際に必要な基準を、解説していきます。

①設置の対象となる入所者・利用者

> 　センサー機器設置の対象者を極力少ない範囲にとどめ、危険回避のために設置がやむを得ないときのみ使用する。
> 　事故が発生したときに過失となるような、センサー設置の義務がある入所者・利用者に極力絞る。

①差し迫った重大事故の危険が予測される入所者・利用者
・トイレに独りで行って転倒するなど頭部打撲などで生命の危険が想定される
・ヒヤリハットや軽症事故から重大事故の発生の可能性が高いと予測できる

②センサー設置により重大事故回避が期待できる入所者・利用者
・ナースコールを鳴らさず危険な動作をする
・ベッドを離れてトイレに行くと危険が発生するなど、コールから

危険発生まで時間がある

・転倒は防げないが転倒直後に対応することで生命の危険を回避できる

③入所直後で行動把握ができないなど、**重大事故の危険度が不明な場合**

・ショートの初回利用や久しぶりの利用などで、自発動作の態様が予測できない場合

・「いつもとは様子が違う」など、通常と違う行動を予測される場合

④**超頻回に鳴るが、危険がない場合**

・超頻回にコールが鳴ると対応が不可能になるばかりか、リスク対応の効果がなくなる

②センサー機器設置の管理

センサー設置台数は必要最低限にとどめ、すべてを設置するべきではない。

急な危険の発生に対する設置に備え、常に余裕をもって管理する。

①設置台数

・常時最低1台未設置のセンサー機器を残すように管理する

（危険度の高い入所者が現れたり、急に危険な現象が発生し設置が必要になった場合のため）

・ショートステイがある場合は、使用していない機器があっても設置対象者が居なければ設置しない

②センサー機器設置の際の家族説明

・センサー機器を設置する場合は、転倒防止のためではなく、重大事故回避のためであることを説明し了解を得る
・「センサー機器の設置に関する説明書」を手渡して説明する

③センサー機器設置の記録

・センサー機器を設置する場合は「差し迫った重大事故の危険」を具体的かつ詳細に記録して設置する

④どの種類のセンサーを誰に設置すべきか？

・離床センサー（体動センサー）はベッド上の動作が即危険につながるような場合に設置（突然多動になりベッドからの転落リスクがある入所者・利用者など）
・センサーマットはベッドから降りて歩行時に危険が発生する場合に設置

⑤センサー機器の取り外し

・不明だった行動危険が明らかになるなどリスクが改善し、差し迫った重大事故の危険が消滅した場合はセンサー機器を取り外す
・取り外す場合はどのような行動状態で差し迫った重大事故の危険が消滅したのかを家族に説明して理解を得る
  ➡ 「他にも差し迫った重大事故の危険がある入所者が居る」などの説明も可

解説編

③センサーコール対応のルール

センサー機器設置の目的は「差し迫った重大事故の危険の回避」であり、転倒防止が目的でないことを理解し、駆け付けることではなく居室到着後の対応に重きを置く。

①コールに対応できないケース

・他の入所者・利用者の介助中などすぐ対応できない場合は、他の職員を呼ぶかその後に対応する

・ナースコールとセンサーコールが競合した場合は、ナースコールを優先する

・コール対応の目的は「事故発生時の重症化の防止」であるので、走って駆けつける必要はない

②コール対応の方法

・コールで居室に到着した際、事故が発生していなければ事故回避の措置を行う

・対応した時刻や回数、対応時の状況はできる限り記録しておく

③コール対応に支障がある場合

・コールに対応することで他の業務に支障がある場合など、早期にカンファレンスを行い他の対応策を検討する

・危険度の低い同じ行動によって何度も頻回にコールが鳴る場合は、他の職員と協議の上センサー機器を外す。特にコールが職員の手元で受信できない場合は、早期に機器を取り外す

・何回かのコール対応の結果、センサー機器の設置によっても重大
　事故の危険が回避できない場合は、家族に相談し他の事故回避方
　法を検討する

④センサー機器設置に関する家族への説明

①センサー機器設置の判断

・センサー機器の設置は「差し迫った重大事故の危険の発生が予測
　される場合に、施設・事業所の判断で行う」ことを説明する
　（「緊急性が高い場合には家族の了解なく設置若しくは取り外すこ
　ともある」と説明）

・センサー機器は転倒防止のための見守り機器ではなく、「重大事故
　の危険回避機器」であることを説明し理解を求める

・「センサー機器の設置に関する説明書」を手渡して説明する

②センサー機器の取り外し

・重大事故の危険が消滅したなどで危機を取り外す場合は、家族に
　通知して取り外す

　以上、センサー機器設置のルールと運用の基準の一例をご紹介しま
した。

　昨今、見守り機器の設置に助成金が付くなど、センサーが増える可
能性があります。どの施設・事業所でも、センサーコール対応が職員
の労働負荷を重くしているのですから、必要最低限の設置として、詳
細な設置運用ルールを徹底しなければ第二、第三の「センサーコール
虐待」が起きてしまいます。

105

虐待事故・「虐待疑い」発生時の対応

　この章では、虐待事故が発生したときの施設や事業所（管理者）の対応について説明します。虐待事故は、介護事故と異なり、当初から虐待事故の事実が確認されていることが少ないことが対応を難しくします。その多くは「虐待の疑いがある」という訴えから始まりますから、対応を間違えれば「虐待事故の隠ぺい」と受け取られ、トラブルを大きくしてしまいます。虐待事故・疑いの発生パターンは次の5つに分かれます。

　①虐待行為の事実が確実に把握できるケース
　「虐待現場を他の職員（または入所者）が目撃した」「職員が虐待行為を認めている」など、虐待発覚当初から事実が客観的に把握できるケースで、虐待が発生したという前提で対応します。

　②本人が虐待されたと訴えているケース
　虐待の被害者である入所者や利用者が自ら虐待を訴えているケースで、本人の主張の事実の確認の対応が必要になります。

第3章 虐待事故・「虐待疑い」発生時の対応

③家族が虐待の事実（疑い）を訴えているケース

　家族が「本人が虐待されたと言っている」と訴えてくるケースで、本人からの伝聞であるので、本人の訴えと虐待の事実の双方を確認しなければなりません。

④第三者が市町村に通報・告発するケース

　「役所に匿名の電話が入った」「役所に虐待告発の投書が届いた」などさまざまなケースがありますが、当初から市町村が介入してくるので、市町村の指示を尊重し、協力して事実の確認から始めなければなりません。市町村に通報されても虐待の事実が決まったわけではありませんから、調査などの方法は他のケースと変わりありません。

⑤医師などが警察に通報するケース

　受診した病院の医師が、受傷状態や受傷原因に不審を抱いて、警察に通報するケースです。虐待の通報は「疑い」だけでも行う義務がありますから、医師が警察に通報したからと言って、虐待の可能性が高いわけではありません。きちんと調査を行って虐待の有無を判断しなければなりません。

　このように、虐待事故・疑いの発生パターンはさまざまですから、対応をあらかじめルール化し、適切な対応ができるようにしなければなりません。本章では、この5つのパターンに分けて、発生時の対応を説明します。

107

解説編

1 虐待行為の事実が確実に把握できるケース

当初から虐待の事実が明確に把握できるケースとは次のようなケースです。

> ・職員または認知症のない他の入所者や利用者が虐待現場を目撃したケース
> ・映像や音声データから虐待の事実と加害職員が特定できるケース
> ・加害職員が虐待の事実を全面的に認めているケース

虐待の事実が紛れもない事実として確認できるのは、このように限られたケースしかありません。逆に言えば、本人が職員を名指して"虐待された"と訴えてきたとしても、職員の虐待と決めつけてはいけないということです。

虐待事故・疑い発生時の具体的対応方法

①家族への連絡

家族に連絡を入れて虐待の事実が確認されたことを謝罪し、「虐待事故に対する施設（事業所）の対応を説明したい」と伝えます。家族連絡を入れる前に入所者や利用者本人が家族に訴えれば、「なぜすぐに連絡したかったのか？ 隠ぺいでは？」と疑われ、トラブルが大きくなりますから、迅速に連絡しなければなりません。

②本人への被害状況の確認

虐待された入所者や利用者が受傷していれば、迅速に治療しなけれ

第3章 虐待事故・「虐待疑い」発生時の対応

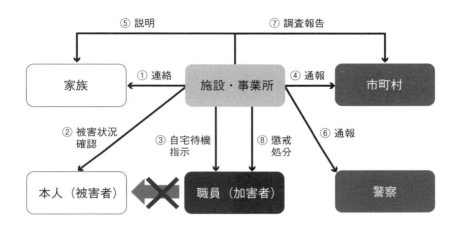

ばなりません。また、本人の虐待による恐怖や不安が強ければ、精神的な被害にも対応しなければなりません。

本人が虐待した職員を認識している場合、その職員の姿を見ただけで恐怖からフラッシュバックを起こすかもしれませんので、加害職員を近付けない対応が必要になります。

③加害職員への対応

虐待の事実が確認され、本人も認めている場合は、被害を受けた入所者や利用者本人の不安な心情に配慮して、その場で職場を離脱させ、自宅待機とします。職員に対しては懲戒処分の決定を待つように伝えます。

④市町村への通報

家族に対応方法を説明する前に、できるだけ早く市町村に虐待発生の一報を入れます。電話で連絡し、その時点で把握している事実を簡潔にFAXで報告します。また、「これから家族に説明し家族の要望も聞いて対応方針を決定してご報告に伺います」と説明し、調査などの対応方針を管理者が役所に行って説明します。

109

解説編

⑤家族への説明

虐待の事実経緯、虐待の事実や加害者が確認されていること説明し、市町村へ通報が済んでいることを報告します。今後の対応については、市町村の指示に従いながら虐待行為の事実と経緯、虐待の背景要因と再発防止策などを家族に文書で報告することを約束します。本人の受傷状態が重ければ、警察への傷害罪などで刑事告訴ができることを伝えます。施設・事業所からの刑事告発については、家族の意向と市町村の指導で行うと伝えます。

⑥警察への通報

虐待行為は本来、暴行罪（ケガがない場合）や傷害罪（ケガをしている場合）に該当する犯罪行為ですから、施設・事業所は警察へ通報義務があります。しかし、次の場合には市町村と相談して警察への報告で済ませる場合が多くあります。

・受傷が軽微である場合
・被害者や家族が警察介入を望まない場合
・市町村の指導に任せてもよいと警察が判断する場合

施設・事業所から警察へ通報しても、被害が軽微で市町村が調査や再発防止の指導をきちんと行う場合には、警察は事件として介入することはありません。

⑦市町村への虐待事故の調査報告

虐待事故の事実経緯を調査し、調査報告書としてまとめて市町村に提出します。虐待の事実が明確に判明しているこのケースの場合は、調査に時間はかからないので、発生後2〜3日で報告します。市町村は報告事実に基づき、原因調査と改善計画書（再発防止策の策定）を指示してきますので、指示に従います。

110

⑧加害職員への懲戒処分

　虐待行為を行った職員への懲戒処分を行います。死亡や受傷などの被害の重大さと、虐待行為に至った事情を斟酌して、慎重に懲戒処分の内容を検討します。

　入所者・利用者に対する虐待というのは、介護職員の懲戒として最も重い処分になるのは当然ですが、虐待行為に至った事情の考慮は重要です。特に「BPSDを鎮めようとして理性を失い感情のコントロールができなくなった」など、酌量の余地がある事案では、寛大な処分の検討が必要なります。不当に重い懲戒処分となると、労働者に対する人権侵害になるおそれがありますから、社会保険労務士など、専門家に確認したほうがよいでしょう。また、処分決定のプロセスも重要で、懲戒のためのヒアリング時に弁明の機会を与え、取締役会や懲戒委員会に諮った上で処分を決定するなどの対応が一般的です。後日のために議事録の作成・保管も忘れてはなりません。

解説編

《参考》事故直後の加害者への事情聴取

①加害事実について

「今回あなたが○○さんに対して虐待したのは事実ですか？」

「どのような行為（言葉）で虐待したのですか？」

「虐待行為の引き金になったのは、どのような出来事だったのですか？」

「以前にもこのような虐待行為をしたことがありますか？」

「あなたがしてしまった行為についてどう思っていますか？」

②虐待の原因について

「虐待がいけないことだと知っていて、なぜ虐待してしまったのですか？」

「入所者（利用者）への対応について不得意な面がありましたか？」

「当日の体調はどうでしたか？」

「どうすれば虐待行為を避けられたと思いますか？」

「施設（事業所）の業務手順や職場環境に虐待の原因がありましたか？」

「特別なストレスを受けていたようなことはありますか？」

③施設・事業所に対する不満について

「施設（事業所）内で受けた虐待防止の研修は効果がありませんでしたか？」

「施設（事業所）の業務運営などに対して不満はありますか？」

「他の職員との人間関係は良好ですか？」

第3章　虐待事故・「虐待疑い」発生時の対応

《参考》発生原因の調査項目

①入所者・利用者について

- ・入所者・利用者の属性と認知症やBPSDの状況
- ・家族の職員への接し方
- ・家族からのケアへの要求
- ・当日の入所者・利用者の体調や認知症の状況

②加害者について

- ・性格的要因
- ・認知症のある入所者・利用者への対応能力
- ・当日の体調
- ・他の職員との人間関係
- ・最近のストレスの状況

③施設・事業所の体制と職場環境について

- ・事故当日の職場環境要因
- ・人員配置などの要員体制
- ・虐待行為の引き金となった事実
- ・職場での入所者・利用者への対応状況（特に認知症の症状など）
- ・施設・事業所の虐待防止研修の実施状況と加害者の参加状況
- ・建物構造などの特徴
- ・機器やコールなどの設備の問題点
- ・職員へのストレスチェックの実施状況

113

解説編

2　本人が虐待されたと訴えているケース

　入所者や利用者本人が虐待を訴えるケースとは次のような場合です。

> ・「さっきM職員に顔を叩かれた」と軽度認知症の入所者が泣きながら主任に訴えてきた
> ・認知症のない入所者が「職員が暴言を吐いた、虐待だ」と施設長に訴えてきた
> ・認知症の入所者の顔にアザがあり、職員が尋ねると「職員に殴られた」と答えた

　本人は被害事実を訴えているが、訴えている事実の信ぴょう性に問題があったり、虐待行為なのか事故なのかが判明していなかったりするケースです。このケースの特徴は、ぼやぼやしていると本人が家族に「虐待だ！」と訴えて、大きなトラブルになることです。家族より先に施設が虐待の訴えを把握しているのですから、家族トラブルになる前に迅速な家族対応が必要になります。

虐待事故・疑い発生時の具体的対応方法

①本人への確認

　訴えの直後に入所者（利用者）と職員の双方から事実を聴き取り記録します。訴えの信ぴょう性を評価する必要はありませんから、10分程度で迅速に行います。特に重要なポイントは「いつ」「誰から」「どのように被害を受けたのか」を反復して確認することです。相手に重

第3章 虐待事故・「虐待疑い」発生時の対応

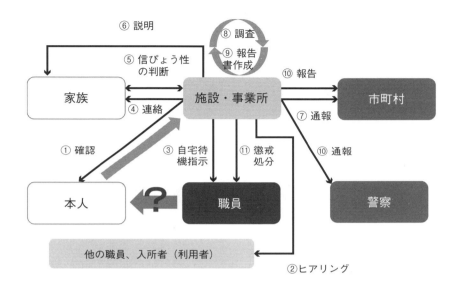

度の認知症があっても、この確認は必要です。

②周囲にヒアリング

　他の職員や入所者・利用者などから目撃情報などを聴き取り記録します。目撃情報がなくてもその場に居合わせた職員や他の入所者・利用者などにも、心当たりがないかを確認します。

③加害職員を名指しの場合

　虐待を訴えている入所者（利用者）が加害職員を名指ししている場合は、恐怖や不安に配慮して職員には職場から離れるように指示します。本人が虐待を認めていなくても、数日は職場に出勤できなくなります。長期に自宅待機などを強要すると、不当な扱いとされるので注意が必要です。

④家族への連絡

　入所者や利用者本人と職員への聞き取り後、速やかに家族に連絡し

115

ます。「お母様から職員による虐待の訴えがあったので、これから調査
などの対応を行います。申し訳ありませんが、対応方針を説明しご相
談させていただきたい」と連絡します。入所者（利用者）の受傷状態
や精神的被害などの容態についても手短かに伝えます。

⑤訴えの信ぴょう性の判断

　入所者（利用者）と職員の聴取記録から、被害事実の信ぴょう性に
ついて家族と協議します。たとえ認知症があっても、被害の訴えがあ
れば、訴えの信ぴょう性の評価は家族の判断を尊重します。認知症の
程度について家族との認識が異なり、施設（事業所）は信ぴょう性が
ないと判断しても、家族が「訴えには信ぴょう性がある」と判断すれ
ば、虐待として調査を行います。ここでの判断は、虐待か否かではな
く、「叩かれた」などの被害事実についての信ぴょう性の判断です。

　家族が「訴えにまったく信ぴょう性がない」と判断した場合は、調査
は行わず市町村にも通報はしません。しかし、この場合でも施設（事業
所）が「虐待の可能性あり」と考えれば、施設（事業所）独自で調査
を行う場合はあります。

⑥虐待事故としての施設（事業所）の対応を家族に説明

　被害事実の信ぴょう性が高いと家族が判断した場合は、虐待として
調査を行うなどの施設（事業所）の対応について次の項目を家族に説
明します。

・市町村への通報
・虐待の事実の調査
・市町村への調査報告
・市町村の指導や改善計画書作成などの対応
・警察への刑事告訴についての説明

・加害職員への懲戒処分　など

⑦市町村へ通報

　市町村に虐待を疑う事実が発生したことを通報し、家族の意向を踏まえた調査を行い報告する旨を伝えます。市町村が虐待の事実を重く見て「監査に入る」という意向があれば、これに従います。

⑧虐待事実の調査

　被害事実の可能性が高いと判断すれば、事故と虐待の両面から調査を行います。"職員の手がぶつかった"という事故を、入所者や利用者が虐待と誤解するケースはよくありますから、虐待の有無だけではなく、事故の可能性も綿密に調査します。

　調査で事実が判明することは稀ですから、最終的にはさまざまな調査結果から施設・事業所の管理者が虐待の有無を判断し、施設（事業所）としての結論を出します。

⑨報告書の作成

　調査は虐待の有無だけではなく、次のようなすべての可能性について検証し、報告します。次の①～⑤の可能性をすべて説明して、施設として虐待の有無の最終的な判断を行うことが重要です。

　①　故意に傷付ける目的で暴行し受傷させた（虐待）

　②　虐待の意図はなく乱暴な介助によって受傷させた（不適切なケア）

　③　危険な介助方法で介助して受傷させた（ルール違反など）

　④　介助中の介助ミスによって受傷させた（ミスによる事故）

　⑤　介助中の不可抗力的な偶発事故で受傷させた（不可抗力の事故）

⑩市町村と警察への報告

　虐待と判断した場合は、市町村に報告し、場合によっては警察にも

解説編

通報します。市町村への報告は施設（事業所）の義務であり、警察への刑事告発は家族の判断であることを、家族にはきちんと説明しておきます。

⑪加害職員への懲戒処分

　虐待の事実と加害職員が判明したときは、職員に適切な懲戒処分を行います。

3 家族が虐待の事実・疑いを訴えているケース

　虐待を巡るトラブルで最も多いのが、家族からの訴えです。入所者（利用者）からの被害の訴えの伝聞や家族自身による疑惑などの次のようなケースが多く見られます。

> ・「母が『職員に叩かれた』と言っている、調べて欲しい」と家族が施設長に訴えてきた
> ・「寝たきりの母の足に変な内出血がある、虐待かもしれない」と家族が主任に話した
> ・「母が職員から暴言を吐かれて怖いと言っている」と家族が訴えてきた

　いずれも、家族の思いや考えからの訴えですから、本人からの訴えとは対応が異なります。家族の思い込みや入所者や利用者の認知症の状態の認識不足など、さまざまな誤解から虐待の疑いに至ることがあります。しかし、「家族の認識不足」「家族の勘違い」と一蹴することはできませんから、場合によっては、虐待発生と同様に通報や調査が必要になります。

虐待事故・疑い発生時の具体的対応方法

①施設長・管理者が直接家族に対応する

　「施設（事業所）にとって重大な問題と受け止め、施設長（管理者）自ら責任を持って調査する」と施設長・管理者が家族に直接伝えます。

解説編

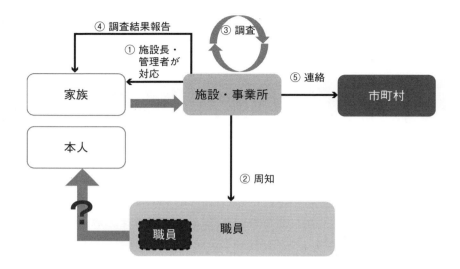

この対応には次の２つの意味があります。

- 虐待の訴えを施設・事業所が軽視することで憤慨し、市町村に通報する人が多いので、施設長・管理者が直接対応することで安心感を与える。
- ちょっとしたことで「虐待だ」と騒ぐ家族もいるので、虐待の訴えが施設や事業所にとって重大な問題と認識してもらう。特に「〇〇職員が怪しい」など職員を名指しするクレーマー的な家族もあり、職員を犯罪者扱いすることがどんなに重大なことかを認識してもらう必要があります。

②**虐待のクレームを職員に知らせる**

　虐待の疑いのクレームがあったことは、職員に知らせて「心当たりの出来事があれば申し出るように」と伝えます。一人ひとりの職員に対する聞き取り調査は基本的には行いません。

③施設長・管理者自ら調査する

施設長と副施設長など、管理者に準ずる立場の職員を選んで、2人で調査を行います。調査はケースに応じて異なりますが、事故や入所者（利用者）側の勘違いなどの可能性も含めて調査・検討します。最終的には、施設長・管理者が虐待の有無の可能性を比較検討して結論を出します。

④調査結果を家族に報告する

指摘された事実から虐待の可能性を判断し、家族に結論を伝えます。調査した内容などを詳しく伝え、虐待の有無の根拠をきちんと説明します。

調査の方法や内容に納得しない場合は、「私どもは警察ではありませんので、強制的な捜査などを行うことはできません」と説明し、理解を求めます。調査結果に納得できなければ、市町村や国民健康保険団体連合会（国保連）の苦情相談窓口を説明し、ケガがあれば警察への刑事告訴についても説明します。

⑤市町村にも連絡だけ入れておく

後日、「本当に虐待があることがわかった」ということもあり得るので、市町村に連絡だけは入れておきます。どのようなクレームに対してどのような調査を行い、どのように報告したのかを文書で伝えるだけで十分です。

解説編

4 第三者が市町村などに通報・告発するケース

　自施設・事業所の職員からの内部通報や入所者・利用者の家族からの匿名通報など、施設や事業所が虐待の疑いを認識する前に、市町村などに通報されるケースがあります。当然、施設や事業所が調査して家族に説明するということが難しくなり、施設・事業所主導で動けなくなります。基本的には市町村の指示に従い対応する、ということになります。

　市町村などの指示においても、虐待の有無を調査して報告し、虐待の事実が確認されれば原因調査や改善計画書の提出という手順になります。

虐待事故・疑い発生時の具体的対応方法

①市町村への対応方針の説明

　次のように対応する旨を口頭で説明し、必ず文書でも提出（FAXでよい）しておきます。

- ・本人からの訴えを再度聴取する。聴取は録音し記録する。
- ・家族へ連絡の上、市町村への通報を報告し、施設・事業所の今後の対応方針を説明する。
- ・市町村への対応も説明し、市町村の指示・指導のもとに適切に対応すると説明する。
- ・職員への聴取などの調査を実施する。
- ・調査を踏まえた最終的な判断を市町村に報告すると同時に、家族

122

第3章　虐待事故・「虐待疑い」発生時の対応

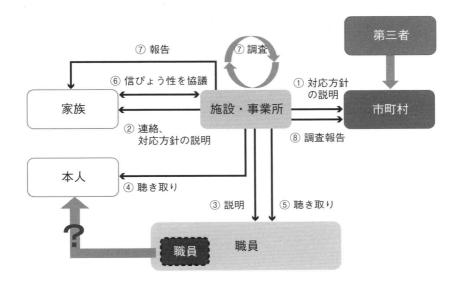

にも報告する。

・虐待の事実があれば職員への懲戒処分を行い、処分内容を市町村に報告する。

②家族への連絡と対応方針の説明

市町村あてに虐待通報があったことを家族に説明し、市町村に伝えた対応方針を説明します。施設・事業所の対応について、役所には了解を取っていると説明して安心してもらいます。

③該当職場の職員への説明

市町村への通報があったことを伝え、調査を行うことを説明します。この時、内部通報者に対する施設・事業所からの詮索は一切しないことを明言します。虐待の疑いの事実については、心当たりがあれば申し出るように伝えます。

123

解説編

④入所者・利用者本人から事実を聴き取り記録する

訴えの信ぴょう性を評価する必要はありませんから10分程度で迅速に行います。録音して記録として書類にします。

⑤他の職員や入所者（利用者）などから目撃情報などを聴き取り記録する

通報内容に即して、その職場に居た職員や他の入所者（利用者）などにも、心当たりがないかを確認します。

⑥通報内容について調査し、信ぴょう性について家族と協議する

認知症や精神疾患があっても、被害の訴えが事実である可能性があるので、訴えの信ぴょう性の評価は家族と一緒に慎重に行います。家族が「信ぴょう性がない」と断言しても調査は行います。

⑦調査の期間は3〜5日程度として調査を行い、施設・事業所の判断を家族に伝える

介護事故などの虐待以外の可能性の検証も含め、必要な調査を行います。職員による虐待の有無を管理者が判断して、最終結論を家族に報告します。

⑧市町村への調査報告

管理者が虐待と判断した場合は、市町村に報告し、場合によっては警察にも通報します。市町村への報告は施設・事業所の義務であり、警察への刑事告発は家族の判断であることを家族にはきちんと説明しておきます。特定の職員による虐待の事実が判明したときは、職員の懲戒処分を行い、家族に説明します。処分は法人の懲戒規程に則って適切に行うことを家族に説明します。

5 警察に通報され捜査が開始されるケース

受診時に入所者や利用者の受傷状態に医師が不審を抱き、警察に通報するというケースが発生します。警察は犯罪を疑い、摘発し、刑事告発するために捜査を行うのですから、これを阻止することは誰にもできません。受診直後から警察が介入するので、施設や事業所は混乱し、警察の捜査が有無を言わさずに始まりますので、業務に支障を来し、職員も不安になります。

受傷の発生当初から警察が介入するのですから、施設・事業所が虐待の有無について調査を行い家族に説明するということが難しくなります。一方で、警察では介護事故に対する知識がまったくありませんし、施設・事業所の業務運営についても何も知りませんから、職員を追い詰めるような強硬な捜査になることもしばしばです。このような警察の行き過ぎた捜査に対しては、第三者の専門家による調査を入れることで、解決する場合が多くあります。

具体的には、警察の捜査担当者に、介護事故の専門家による事故の可能性に関する調査を行うことを申し出ます。この時、家族も調査を望んでいると有利に運びますから、事前に家族に「調査をして報告させて欲しい」と説得しておく必要があります。

「虐待ではなく介護事故である」という検証結果が出て、調査報告書を家族が受け取ってくれれば、この報告書を警察に提出して捜査資料に加えてもらうことができます。警察としては落としどころが見つかって捜査を終了するきっかけになります。その他にも、役所や家族への対応でこじれてしまったケースでは、介護事故の専門家を招いて調

解説編

査をしてもらうことで、解決した例があります。最終的には発生した事実についての家族の納得性が重要になるのです。

虐待事故・疑い発生時の具体的対応方法

①施設長・管理者が警察に行き対応方針を説明

施設長・管理者は警察に行って担当刑事に面会し、次のように説明します。

- ・虐待（傷害罪）事件としての捜査には協力する。
- ・「施設（事業所）独自で虐待と事故の両面から調査をしたい」と伝え了解を得る。了解が得られない場合は、「施設（事業所）としては事故の可能性がある場合には、調査を行わなければならない。

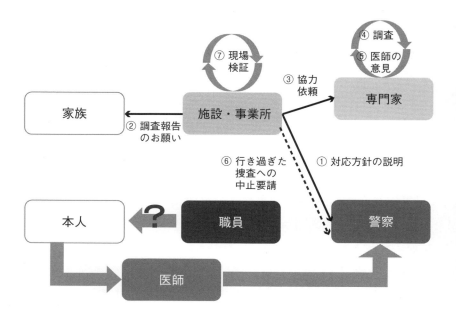

調査報告は役所への義務だ」と伝える。

・再入所後のケアに対する家族の心配もあるので、調査結果を家族に説明したいと伝え了解を得る（家族への接触については懐柔や証拠隠滅を恐れるので警察の許可をもらって行う）。

・虐待については、市町村の介護保険課に調査や指導、処分の権限があることを警察に説明し、市町村に順次報告を入れていくことも説明する。

②施設長・管理者が家族に会って調査報告する旨お願いする

施設長・管理者が家族に会って謝罪し、警察とは別に施設・事業所として受傷原因を調査し報告したい旨説明し、調査報告書を受け取ってもらえるようお願いします。

③専門家に入ってもらう

家族や警察への調査に対する家族や警察の信頼度を高めるため、調査は必ず第三者の専門家を加えて行います。調査報告書の書き方なども専門家の指導に従います。

④調査の実施

調査の実施は「虐待の可能性の判断」「事故の可能性の調査」に分けて行い、虐待の可能性については、第三者の専門家に主体的に調査を行ってもらいます。

事故の可能性については、専門家と協力の上、介助中の事故の可能性について現場検証などを行います。

⑤報告書に医師の意見を入れる

調査報告書には医師の意見をできる限り入れるようにします。警察は、医師の意見があると、虐待でなく事故であることを納得しやすくなります。

127

解説編

⑥捜査の行き過ぎへの中止要請

　業務中の職員への過剰な事情聴取や、施設・事業所以外での職員への接触、任意のポリグラフ検査など、捜査の行き過ぎがあった場合は、職員のメンタル不調を理由に中止を要請します。

⑦現場検証

　介助中の事故の可能性をより確実にするために、現場検証を行います。

　現場検証は施設長（管理者）・主任・事務長・看護師・相談員などの幹部職員のみで行います。主任は、あらかじめ受傷が推定される時間帯の介護業務から、実際に介助方法をすべて聞き出し、自分でできるようにしておきます。

第 3 章　虐待事故・「虐待疑い」発生時の対応

《参考》現場検証の方法

①参加者

　施設長（管理者）・主任・看護師・相談員など幹部職員（一般職員は同席させない）

②事前準備

- ・受傷がなかった時間と受傷が判明した時間を調べ、受傷時間帯を特定する。
- ・受傷時間帯に行った介助行為すべてを一覧表にした上で、受傷の可能性がある介助行為をピックアップする。同じ介助が繰り返されたときでも、介助者や介助方法が異なれば別個に行う。
- ・事前に主任がすべての介助行為について、職員からその方法を聴取しておく。介助を行った職員に実際に介助行為をしてもらって主任が説明できるようにしておく。

③介助行為の検証

- ・一覧表のうち、受傷の可能性が高いすべての介助場面について、主任がすべての介助方法を説明する。
- ・管理者が入所者・利用者役（非介助者）で主任が介護職員役を演じる。
- ・すべてを動画で撮影する。後日、調査報告書には動画のカット映像を数多く入れるので、わかりやすいアングルを工夫する。

129

第4章

「虐待疑い」を防ぐ
原因不明の傷・アザ・骨折への対応

　いつできたのかわからない傷やアザを巡って、家族とトラブルになることがあります。また、「寝たきりの入所者がいつの間にか骨折していた」という事故も、治療費の負担などを巡ってかなり深刻なトラブルになっています。これらのトラブルは最悪の場合、「虐待ではないのか？」という疑惑を招き、施設や事業所の対応が悪いと役所や警察への虐待通報につながることもあります。

　このような家族トラブルが起こると、介護現場では、「もっとていねいに介助する」「もっと注意深く介助する」といった対策になることが多いのですが、原因不明の傷もアザも骨折も、未然に防止することは困難です。人は生活していれば傷やアザが付くことはありますし、寝たきりで骨の弱っている入所者・利用者は、どんなにていねいに介助しても骨折することは避けられません。

　このような防ぎきれない疑惑のタネになるような厄介な事故は、事故が起きたときにトラブルにならない対応を考えてマニュアル化すればよいのです。筆者らは、「原因不明の傷・アザ・骨折対応マニュアル」を作って現場で徹底しているので、これらの事故が起きても一切トラブルにはなることはありません。

　まず、2つの典型的な事例からトラブルの原因とマニュアルのポイントを考えてみましょう。

第 4 章 「虐待疑い」を防ぐ原因不明の傷・アザ・骨折への対応

(1) トラブル事例とその問題点

　まず、原因不明の傷・アザ・骨折が原因でトラブルになった典型的な事例を挙げ、どのような点が問題なのか、トラブルの原因を探ってみましょう。

［事例 1 ］ 足の裏の不審な傷を虐待と疑われ国保連に苦情申立て

　　ある日面会に来た息子さんが、入所者のリハビリシューズを脱がせると、右の靴下に出血の跡がありました。介護職と一緒に靴下を脱がせてみると、右足の第二指の裏側の第一関節付近が切れて出血し、血が固まっていました。

　　息子さんは「どうしてこんな場所に切り傷ができるのか？」と尋ねました。看護師は入浴介助でできた傷だと考えましたが入浴担当の職員は否定し、他の職員にも聞き取りましたがわかりません。

　　その後も傷について納得のいく説明がなく、息子さんは施設長に面会し、「何もしないで足の裏に切り傷ができるわけがない。誰かがわざと切ったのだろう。虐待の疑いがあるから調べて欲しい」と言いました。施設長は「絶対に虐待はない」と断言したため、息子さんは国保連に苦情の申立てを行いました。

［事例 2 ］ 骨折発見直後に「骨折させた職員を捜せ」と詰め寄る家族

　　Mさんは、自発動作が少ない寝たきりの女性入所者です。ある時娘さんが面会に来て、右の上腕骨の腫脹を発見して受診したと

131

解説編

ころ骨折していました。娘さんは、「動けない母が自分で骨折する
わけがない。職員が介助中に骨折させたのだろう。骨折させた職
員を捜して謝罪させなさい」と大変な剣幕です。

　相談員はMさんの介助に当たった職員に事情を聴きましたが、
誰も心当たりがないと言います。相談員が「職員に聞き取り調査
をしたがわからない」と報告すると、娘さんは「そんな調査でわ
かるわけがない。誰かがわざとやったに違いない。骨折の責任は
誰が取るのよ」と感情的になって、市に虐待通報しました。

（2）事例に共通する問題点と対応マニュアルのポイント

①問題点

・家族が職員より先に発見すると「いい加減なケアではないか？」と
不信感を与える

　➡職員が先に発見するためには日常どのような点に注意したらよい
か？

　➡家族が先に発見したとき、どのように対応すればよいか？

・「骨折させた職員を探せ」など相手から調査を指示されると、指示に
従ってしまう

　➡相手のペースで振り回されないためにはどうしたらよいか？

・職員に聞き取り調査をしても何も判明しない

　➡聞き取り調査以外に何を調べたらよいか？

・骨折の治療費など金銭的な損害に対して対応をしていない

　➡事故状況も過失の有無もわからないのに、治療費などを賠償して
よいか？

②マニュアルのポイント

【原因不明の傷・アザの対応マニュアル】

・日頃から傷（アザ）に注意して家族より先に発見するよう心掛ける
　➡家族に先に発見されるとケアをさぼっているようでかっこう悪い
・防ぐことが難しいと家族もわかっているが、軽視されると悪感情が生じる
　➡重大事故と同じように大げさに対応すると家族は満足する
・確実な原因は判明しないことの方が多い
　➡推定でもよいから原因と再発防止策を説明することで家族は安心できる

【原因不明の骨折の対応マニュアル】

・家族より先に骨折に気付くよう、日常の介助で注意を払う
　➡寝たきりの入所者・利用者は絶えず注意深く観察するよう徹底する
・受診して骨折が判明したら管理者自らが病院に急行して施設・事業所の対応方針を説明する
　➡管理者が直接対応することで責任ある対応をしてくれると安心する
・自発動作がゼロであれば、施設・事業所の過失となるので、早期に賠償する方針を伝える
　➡調査や検証を待たずに賠償方針を明確にすることで、トラブルは避けられる
・家族から求められなくても受傷場面の検証を行う
　➡虐待を疑われたときは、現場検証が必要になる

解説編

原因不明の傷・アザ・骨折への対応マニュアル

　事例からわかった問題点を踏まえて、原因不明の傷・アザ・骨折への対応マニュアルを作りましたので、ここにご紹介していきます。マニュアルは「原因不明の傷（アザ）」と「原因不明の骨折」に分けて説明します。

（1）原因不明の傷（アザ）への対応マニュアル

①傷（アザ）を発見したときの家族への対応
■家族より先に傷（アザ）を発見するためには

　家族より早く傷（アザ）を発見するにはどうしたらよいでしょうか？日常のケアの中で注意深く皮膚を観察して、できる限り家族より先に発見するようにしてください。特に入浴介助の時はきちんと観察してください。どんな小さな傷（アザ）でも、過敏な家族がいますから、報告を上げるようにしてください。

■家族が職員より先に傷（アザ）を発見した場合の対応

　傷（アザ）に気付かなかったことは、ケアをさぼっていると受け取られます。家族が先に発見したときは、その場で謝罪しましょう。この時に、いつまで傷がなかったのかを確認してください。後で受傷時間帯を推定することに役立ちます。

■介護職員が先に発見した場合

　看護師に報告したら入所者・利用者に衝突や転倒の有無を確認してください。ここで看護師は必ずデジタルカメラ（デジカメ）で写真を

134

撮ってください。われわれ素人では推定できないような受傷の理由を、整形外科医などの専門家であれば解き明かしてくれるかもしれません。なお、デジカメによる患部の撮影では、患部をアップにして顔を映さないように撮ってください。また、データの管理には注意が必要です。

次に、他に傷やアザがないかも詳しく調べてください。見える場所の傷だけ手当てして、見えない部分の内出血を見逃してしまって、後に家族に発見されて問題になったケースもあります。

■いつ受傷したのか受傷時間帯を推定する

家族には傷（アザ）の原因について検証して後で報告すると伝えましょう。その場で傷（アザ）の原因を聞かれても安易に答えないようにしましょう。1週間ほど時間をもらって、原因と再発防止策について説明します。

また、あらためて受傷時間帯をきちんと推定しましょう。前日の就寝介助の時には傷（アザ）はなかったのに、朝食時に発見されればこの間に受傷したことは確実なのです。

②受傷場面の推定と受傷原因の検証方法

■どのような場面でどのように傷（アザ）が付いたのか

まず、自発動作が少ない人と、旺盛な人に分けて受傷場面を推定します。自発動作が少ない人は、自分で動いて受傷する可能性が低いですから、介助場面を中心に受傷原因を検証しなければなりません。

反対に自発動作が旺盛な人であれば、自発動作で受傷する可能性が高いので、自発動作場面と介助場面の両方を検証しなくてはなりません。自発動作が少なくても自分で動いて受傷するケースもありますが、あまり主張しない方がよいでしょう。「お母様はあまり動きませんが、ベッド柵に自分でぶつけることもあります」などと言うと、責任逃れ

135

解説編

のように聞こえるからです。

■受傷の際接触した他物を推定する

　受傷場面を推定したら、次は、どのようなものに接触してできた傷（アザ）かを推定します。自発動作の少ない入所者・利用者は介助中に接触するものを検証します。自発動作の旺盛な人の場合は少し大変です。あちこち自分で行く人は、接触する物がたくさんあるからです。何に接触したのかを推定するには、表1のような「他物との接触状況推定表」を使うとよいでしょう。

　傷（アザ）の特徴によってどのような物に接触したのかがわかります。この表は大変説得力があるので、家族への説明にも使っています。

表1　傷（アザ）と他物との接触状況推定表

傷の形状	他物との接触の仕方
擦過傷（広く浅い）	ザラザラしたものに擦れたために、皮膚上に広く細かく傷付く
擦過傷（線状に浅い）	先の尖ったものに軽く触れたため皮膚が細長く浅く傷付く
裂傷（線状の深い傷）	尖ったもので強く引っ掻いたため皮膚がえぐれ、皮膚の剥離も起こる
裂傷（裂け傷）	打撃・ねじれ・皮膚の引きつりなどにより皮膚が裂ける。皮膚の剥離も起こる
切創（切り傷）	ナイフなどの鋭利な刃物で切ったために傷で創面が滑らか
刺し傷	針などの尖ったもので刺されたために、皮膚に細い穿孔ができる

内出血の形状	他物との接触の仕方
小さくくっきりしている	先の尖ったものに衝突してできた内出血、皮下の浅い部分が出血する
広くぼんやりしている	丸みのあるものに衝突してできた内出血、皮下の深い部分が出血する
比較的細くくっきりしている	挟んだり、つねるなどしてできた内出血、皮下の浅い部分が出血する

また、看護師の中には傷やアザに詳しい人がいます。以前、整形外科に勤めていた看護師が施設に居て、接触した物をみんな当ててくれるので、とても助かったことがあります。

■家族が問題視するような傷（アザ）への対応

容易に原因が想像できるような普通の傷であれば、家族はあまり説明を求めてきませんが、虐待の疑いが生じるような不審な傷（アザ）があります。このような、「いったい、どうしてこんなところに傷（アザ）がつくのだろう？」というような傷は、しっかりとした説明が必要になってきます。

他にも、顔面の傷（アザ）や広範囲の内出血などを家族は重要視しますから、同様にきちんとした調査をしたうえで説明しないと、「虐待かもしれない」と疑われ、トラブルになります。

■介助中の受傷における介助方法の検証

まず、受傷時間帯をある程度絞ったうえで、その時間帯の介助場面をすべてリストアップし、次に、それぞれの介助場面で、他物との接触の可能性を評価します。

例えば、腕に内出血のアザが見付かったとします。受傷時間帯の介助場面は表2の通りです。オムツ交換時に腕を何かにぶつける可能性は少ないですが、体位変換のときは腕が振れて、ベッド柵にぶつけるかもしれません。

口腔ケアの場面の受傷もあまり考えられませんが、移乗介助でアームレストにぶつけるかもしれません。

これで、家族に説明する準備が整いました。このように表にして受傷可能性を書き込み、それぞれ再発防止策を簡単に考えます。

137

解説編

表2　受傷時間帯と介助場面

時間	介助行為	受傷の可能性	再発防止策
午前 1:00	夜間オムツ交換	小	－
午前 6:00	離床介助体位変換	中➡ベッド柵にぶつけた	ベッド柵カバーを付ける
午前 6:30	口腔ケア	なし	－
午前 7:50	車椅子移乗介助	大➡アームレストにぶつけた	アームレストをきちんと上げる
午前 8:00	車椅子移動（食堂へ）	小	－

③傷（アザ）についての家族への説明

■自発動作が少ない入所者・利用者の家族への説明

　いよいよ家族に傷（アザ）の原因を説明します。説明はまず謝罪の言葉から始めましょう。自発動作の少ない入所者・利用者は、介助場面で付いた傷（アザ）だという前提を説明しましょう。次に、受傷時間帯の推定、接触した他物の推定を説明して、介助場面を2つ挙げて説明します。

　原因はあくまでも推定であることを説明し、再発防止策も説明します。有効な再発防止策がいつでもあるわけではありませんから、「注意します」「慎重に介助します」などでも構いません。

■自発動作が旺盛な入所者・利用者の家族への説明

　自発動作の旺盛な入所者・利用者の傷（アザ）の原因の説明は大変です。自分でぶつける物をすべて挙げることは不可能だからです。その人の行動範囲内でぶつけそうな物をいくつか挙げて説明します。ここでも他物との接触状況表を使うと信ぴょう性が高くなります。自発動作中の物との接触は再発防止策がありませんが、「注意して様子を見守ります」くらいの防止策で十分でしょう。

ただし、トイレでの配管の接触など、重大事故に結び付きそうな場合は、「トイレのときは呼んでもらうように話します」など無理のない対策を話しましょう。

家族への説明のコツは2つです。1つ目は「説明のために一生懸命労力をかけている」というアピールをすること、2つ目は納得できる根拠です。受傷時間帯の表や他物との接触状況表などは、大変よい説明ツールになります。

(2) 原因不明の骨折への対応マニュアル

① "骨折を疑う症状" を発見したときの対応
■家族より先に骨折を発見するためには

家族より先に骨折を発見するのは容易ではありません。傷（アザ）と違って骨折は外見的にわかりにくいからです。まず、自発動作の乏しい人は骨粗鬆症で骨がもろくなっていますから、他の入所者・利用者よりも注意して症状を発見するように心がけてください。

骨折を疑う症状はたくさんありますから、きちんと覚えてそれらしい症状があったらすぐに看護師に報告してください。寝たきりの人が骨折しやすいのは、鎖骨と手足の骨ですので、その動きなどに注意して見てください。

【骨折を疑う症状とは】
・介助動作時の苦痛の表情
・四肢の異常な動き
・力が入らない状態でだらんとする

解説編

・通常起こりそうもない四肢の位置や捻じれ

・打撲の痕がある

・打撲の痕がないのに腫れている

・熱をもっている

・骨折が起こる可能性が高い部位はよく観察する

➡鎖骨、腕の骨（上腕骨・橈骨・尺骨）、足の骨（大腿骨・脛骨・腓骨）

　特に注意が必要なのは、上腕と大腿部です。図1のように、上腕と大腿部は骨1本で支えられているので、骨折すると患部で折れ曲がったり捻じれたりしますから、すぐに対応してください。上腕骨が捻じれて360度回転しているのを家族が発見したら、大きなトラブルになるのは火を見るよりも明らかです。

図1　上腕と大腿部

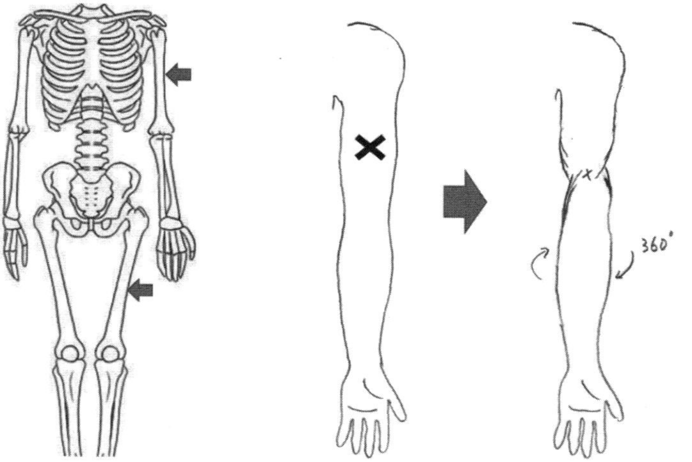

140

■家族が先に発見した場合の対応

家族が先に骨折を発見すると、「長い間骨折を放置して、ひどい痛みを長時間我慢させられた」と考えます。ですから、どんなに発見しにくい骨折でも言い訳をせずに、痛みを我慢させたことについて謝罪しなければなりません。

■職員が骨折を発見したときの対応

「何が腕の動きがおかしい、ひょっとしたら骨折かも…」と思ったらすぐに看護師を呼びます。嘱託医に症状を伝えて医師の判断で受診します。この時、上腕と大腿骨は変形しないように固定する必要があります。折れ曲がっているのを家族が見たら、大変なショックを受けるからです。

■受診し骨折が判明した直後の家族への対応（病院の場面）

受診して骨折と判明したら、施設長・管理者に連絡し、来てもらいます。施設長・管理者は家族に謝罪し、骨折の原因を調査したうえで報告すると約束します。

この時、自発動作がまったくない入所者・利用者の場合は、事故の過失について次のように説明します。「お母様は自発動作がありませんので、ご自分で動いて骨折することは考えられません。介助中の骨折であることは、まず間違いありません。介助中の骨折であれば、施設（事業所）の過失となりますから、治療費などの損害は施設（事業所）で負担させていただきます」と。

「調べもしないで過失を認めてよいのか」と言う管理者もいるのですが、この事故が裁判になれば施設・事業所の過失となりますから、結果はわかっているのです。ただし、保険会社にはすぐに連絡を入れて、施設・事業所の過失なので賠償する旨を伝えておくとよいでしょう。

解説編

　そしてもう１つ大切なことは、病院で診察に当たった医師に原因不明の骨折であることを伝えて、原因究明についての情報提供を依頼しておくことです。整形外科医は原因究明に役立つ情報をたくさん持っているからです。

②受傷場面の推定と受傷原因の検証方法

■医師に情報提供を依頼

　まず、前述の通り協力を依頼した整形外科医から、どのような骨折状態であるか骨折の種類（骨の折れ方）の情報をもらいます。

　骨の折れ方は大きく分けて３種類あり、それぞれ骨折の原因となった力のかかり方が違います。

　①断裂骨折

　　　圧迫するような力がかかって骨折するケースです。腕を強い力で押さえれば、折れてしまいます。

　②螺旋骨折

　　　骨に捻じれの力がかかって骨折するケースです。体位変換などで体の下に腕が入ると捻じれて折れてしまいます。

　③粉砕骨折

　　　打撲による衝撃で折れるケースです。アームレストなどに強くぶつければ折れてしまいます。

　　　骨がどのような折れ方をしたのかがわかれば、骨折した場面を推定しやすくなります。ちにみに、寝たきりの人の原因不明の骨折は、そのほとんどの場合が螺旋骨折で、体位変換などのときに無理な力がかかって捻じれて折れています。

図2　骨折の種類と折れ方

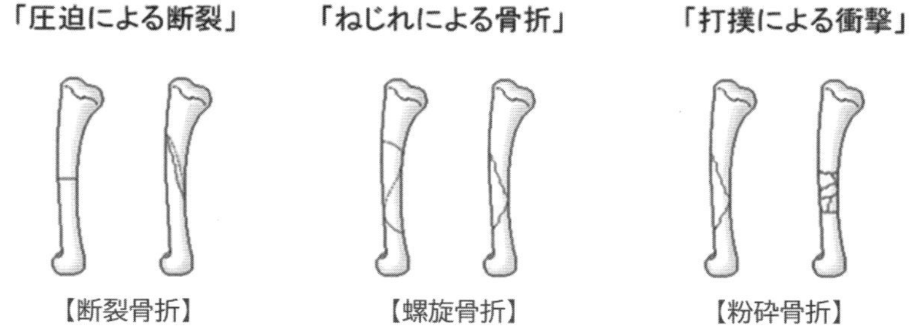

「圧迫による断裂」　　「ねじれによる骨折」　　　「打撲による衝撃」

【断裂骨折】　　　　　　　【螺旋骨折】　　　　　　　【粉砕骨折】

■いつ受傷したのか受傷時間帯を推定する

　次に、いつ受傷したのか、受傷時間帯を推定します。骨折は傷やアザのように目で見えませんから、いつまで骨折していなかったのかを確認するのは難しいので、発見から1日さかのぼることにしています。もし、変形などのわかりやすい症状があれば、半日くらいさかのぼって受傷場面を推定すればよいでしょう。

■どのような場面でどのように骨折が起きたのか推定する

　受傷場面を推定しますが、傷やアザと同じように自発動作が少ない場合と自発動作が旺盛な場合に分けます。自発動作が少ない場合は、介助場面を中心に受傷場面を推定することになります。

　自発動作が旺盛な場合は、1日さかのぼって転倒や転落などの事実がないかを確認します。ある原因不明の骨折の受傷場面の推定表を見てみましょう（**表3**）。午前10時30分頃に骨折と疑う症状が確認されていますから、前日の夕方の入浴介助の場面までさかのぼりました。この表で最も骨折の可能性の高い場面は、当然直前の⑬の移乗介助の場面ということになります。

　この表を作るのは少し骨の折れる作業ですが、家族への説明で見せ

解説編

表3　受傷場面の推定表

日時	介助場面	介助内容
前日 17:00頃	①入浴後の車椅子への移乗介助の場面	入浴後に脱衣室において、洗身ストレッチャーからリクライニング車椅子に、移乗介助を行った
前日 17:00頃	②入浴後の着衣介助の場面	被り物の衣服であったため、袖に腕を通してその後に頭から被る順序で衣服を着せた
前日 17:00頃	③浴室から食堂への移動介助の場面	着衣介助後に、車椅子にて水分補給を行った後夕食のため、食堂に移動した
前日 18:00頃	④食堂から居室への移動介助の場面	夕食後に車椅子着座のまま、車椅子介助にて居室へ移動
前日 20.00頃	⑤車椅子からベッドの移乗介助場面	リクライニング車椅子をベッドに平行に置き、職員2人で移乗介助行為を行う
前日 20:00頃	⑥オムツ交換の介助場面	ベッドへの移乗介助後にオムツ（パッド）交換を行った。オムツを開けたが排せつ物がなかった
前日 22:00頃	⑦体位変換 （1回目）	1回目の体位変換を行った。左側臥位の状態から右側臥位の姿勢に体位を変えた
午前0時頃	⑧体位変換 （2回目）	2回目の体位変換を行った。右側臥位の状態から左側臥位の姿勢に体位を変えた
午前3時頃	⑨オムツ交換の介助場面	オムツ（パッド）交換を行った。オムツ交換後、ベッドの左側（壁側）にまわり、右側臥位にした
午前 6時30分頃	⑩口腔ケアの介助場面	口腔ケアを行った。仰臥位のまま口を開けていたので、そのまま口腔内を清拭した
午前 6時50分頃	⑪移乗介助の場面	食堂への移動のため移乗介助を2人で行った
午前7時頃	⑫移動・食事・口腔ケアの場面	食堂へ移動し、食事介助と口腔ケアを行った
午前9時頃	⑬食事から戻り移乗介助の場面	食堂から戻りリクライニング車椅子からベッドへの移乗介助を行った
午前 10時30分頃	⑭オムツ交換の介助場面	オムツ交換を行った。オムツ交換に入る前に看護師同士の会話から左手の浮腫みのことは耳にしていた

144

ると大きな効果があります。「こんなにたくさんの介助場面を検証しているのか」と感心してくれた息子さんも居ました。

③介助方法の検証と検証場面の撮影
■可能性の高い受傷場面の現場検証を通じて検証する

　いよいよ介助方法の検証と検証場面の撮影です。前述の「午前10時30分頃に左上腕骨骨折の症状を発見した」というケースで見てみましょう。発見直前の介助場面が最も可能性が高いので、⑬の移乗介助の場面の介助動作を再現しました（**写真1**）。

　大変重度の方なので、2人介助で腕と足の4カ所を支えて持ち上げてベッドに移乗しています。介護職員の手が左上腕骨の下に入っていますが、かなり大きな力がかかることがわかります。もちろん、他の介助場面も検証し撮影しますから、大変時間がかかります。

　しかし、こうした検証を通じて、日ごろ気にしていなかった介助動作のリスクが見つかることが多々あります。これらの検証内容を報告書に書いて家族に説明することで、ほぼ100％の家族が納得してくれます。ちなみに入所者や利用者の役を演じるのは、いつも施設長・管理者と決まっています。家族は施設長や管理者が自ら介助方法の検証に参加していることで、施設・事業所が本気で原因究明していることを察してくれるのです。

写真1

解説編

終わりに

　筆者らは介護の現場で起こるトラブルに対して、さまざまなマニュアルを作っています。介護のリスクマネジメントと言えば、事故を未然に防止することばかりが強調されますが、家族トラブルを防ぐ対策もまた、重要なリスクマネジメントなのです。

事例編

入浴前の更衣で暴れた入所者に髪をつかまれ手首を強く握った

● 事例の概要
・介護職員のAさんは、職員不足によるストレスからイライラしていた
・入浴介助中に入所者のSさんがAさんの髪の毛をつかみ、Aさんは反射的にSさんの手首を強く握った
・Sさんの手首が内出血し、病院に搬送されたが骨折はなかった
・Aさんは家族に事実を報告し謝罪したが、Sさんの息子から虐待との指摘を受けた

● 事例
　その日は入所者を入浴させる日でしたが、介護職員のAさんは朝からイライラしていました。先週から3階の介護職員が1人病気で長期休暇を取ってしまったので、職員数が足りず他のフロアに応援を要請しても断わられていたからです。
　Aさんは入浴介助で入浴準備（脱衣）の担当でしたが、明らかに時間より遅れていたので、浴室内に「もう少しペース上げてね」と声掛けました。Sさんの番になり脱衣所の外の廊下に出ましたが、Sさんが見当たりません。見回すと廊下をウロウロしていました。すぐにS

さんの腕を取って脱衣所に入り、脱衣台の上に載せ服を脱がせようとしました。するとＳさんが、「やめて！ 何するの、やめてよ！」と大声を出しました。Ａさんは急いでいたので構わず、上着を脱がせようとすると、いきなりＳさんが右手でＡさんの髪の毛を思い切りつかみました。Ａさんは痛みのあまり悲鳴を上げて、とっさにＳさんの右手首をつかみました。髪の毛をつかんだ手を開かせようとして手首をギュッと握って振りましたがＳさんは放しません。

　Ａさんがさらに力を入れてＳさんの手首を握ると、Ｓさんは「あいたたた」と言いながらＡさんの髪の毛を放しました。浴室内にいた職員が気付いて慌てて出てきて、「どうしたんだ」と聞きました。Ａさんは「髪の毛をつかまれちゃって」と答えながら、まだＳさんの手首を握っていることに気付き、すぐ放しました。途端にＳさんが「手がいてぇ」と大声で叫び始めました。Ｓさんの手首を見ると赤く内出血をしていました。他の介護職員も駆けつけてきたので、すぐに病院に搬送し受診しましたが、幸い骨折はしていませんでした。家族にはありのままに報告し謝罪しました。手首のアザを見た息子さんは「ここまで強く締めなくてもいいのに。虐待なんじゃないの」と言いました。

✂✂✂✂✂✂✂✂✂✂✂✂✂✂✂✂✂✂✂✂✂✂✂✂✂✂✂✂✂✂✂✂✂✂✂

事例解説

　本事例は、解説編第２章の「理性を失って虐待してしまうケース」の事例です。なぜそのような場面に直面してしまったのでしょうか？虐待が発生しやすい場面が生じる原因を分析して、防止対策を考えてみましょう。

事例編

原因分析

① 介護職の人員が足りず、イライラしていた

　入浴介助の業務の前から職員数が足りないことがわかっていましたから、時間内に終わらないことを予測してイライラしていたことが考えられます。

② 時間内に終わらせるため急いでいた

　途中で時間が遅れていることに気付いていましたから、入所者を急かしていたことが考えられます。

③ Sさんは入浴したくなかったのに強制した

　Sさんは入浴を嫌がりましたが、職員はゆっくり説得てしいる余裕もありませんから、職員は相手に気遣いもせずに自分のペースで運ぼうとします。

④ 無理に乱暴に服を脱がせた

　今回の事故で一番大きな原因は、服を脱ぎたくない入所者の服を無理矢理脱がせようとしたことです。力づくで服を脱がせたのであれば、その行為そのものが虐待に当たるかもしれません。

⑤ 髪をつかまれたときに相手の腕をつかんだ

　この虐待事故の直接原因は職員が髪をつかまれたときに、入所者の腕を強く握ったことです。しかし、髪をつかまれれば痛くてパニックになり、握った手を開かせようとして反射的に強く握ってしまったのでしょう。

150

解決策

　業務が忙しかったり、入所者とのコミュニケーションがうまく行かないことはよくあります。日常的に仕方がないこともありますが、前述の虐待事故の原因分析から対策を考えてみましょう。

①　介護職の人員が足りず、イライラしていた

解決策▶長期にわたって職員が休職して、職員数が足りないことが恒常的になっていたのですから、1日の入浴の人数を減らしたり、風呂の時間を延長するなど対策を検討すればよかったのではないでしょうか？

②　時間内に終わらせるため急いでいた

解決策▶時間内に終わらせようと急げば、入所者のペースに合わせられずトラブルが起きやすくなりますから、急がないようにする工夫が必要です。入所者との間にトラブルが多いのは、時間の制限が最も大きな要因です。相手はこちらの意のままにならないのですから、時間内にできないことを前提とすることが重要です。

③　Ｓさんは入浴したくなかったのに強制した

解決策▶入浴する気がない入所者に強制すれば反発するのは当たり前。入浴の意思がないときは取りやめ、後でゆっくり時間をかけて入浴の意思を誘導するようにしましょう。どうしても入浴したくなければ、日を変えたり場合によっては週1日でもよいのです。

151

事例編

④ 無理に乱暴に服を脱がせた

解決策 ▶抵抗する入所者の服を脱がす行為は、それそのものが虐待に近いですから、絶対にやってはいけません。

⑤ 髪をつかまれたときに相手の腕をつかんだ

解決策 ▶入所者が腕や髪をつかむなどの行動に出てきたときに最も効果があるのは大声を出してビックリさせることです。そうすれば相手を傷付けずに暴力を阻止できます。ある介護職員は「大声を上げて泣きまねをするとよい」と言っていました。相手がひるんだところで、他の職員を呼べばよいのだそうです。相手から攻撃されたときの対処も知っておくと、役立つかもしれません。

事例2

夜勤帯に認知症入所者のBPSD対応で押し倒してしまった

●事例の概要
・介護職員のBさんは体調不良にもかかわらず、夜勤シフトに出勤し2ユニットを担当
・Bさんは、入所者Gさんの徘徊対応と、Gさんとは別のユニットの入所者の介助を繰り返していた
・Gさんが出入口から出ようとした際、BさんはGさんを押し倒し、Gさんは骨折
・転倒事故として処理され、Bさんは施設を退職

●事例
　介護職員のBさんは、体調が悪く仕事がつらくなっていました。最近、正職員が減ったため、夜勤シフトが増えたからです。その日も夜勤シフトで、昼間に寝ましたがよく眠れず、食欲がなく下痢気味でした。

　その晩、Bさんは、"さくらユニット"と"つばきユニット"の担当でした。22時に就寝の介助を行い、ほとんどの入所者が居室で寝ましたが、Gさんだけ"さくらユニット"のデイルームで起きていました。Gさんは「もう帰らなくちゃ」と言ってうろうろしています。

153

23時頃から徘徊の頻度が増してBさんは出て行こうとするGさんを何度も連れ戻していました。もう1人の夜勤職員から連絡が入り、「どんな様子か？」と聞かれたので「大丈夫」と答えました。

0時半くらいになり、隣の"つばきユニット"の入所者のナースコールがなりました。居室に行くと「おしっこ」というので、ポータブルトイレで介助しましたが出ませんでした。"さくらユニット"に戻ると、ユニットの入り口からGさんが出てきていました。あわてて、デイルームに戻すと、またナースコールが鳴りました。先ほどの入所者と同じでしたが、居室に行くとまた、「おしっこ」と言われ、介助しますが出ません。

"さくらユニット"に戻るとき、またGさんが出入口から出ようとしています。手を引いて戻ろうとすると、突然騒ぎ出し、大声で「おまえが悪いんだ！」と怒鳴り始めました。同時にヘルパーステーションでナースコールが鳴り始めました。Gさんは、精一杯の大声で「お前だ、お前が悪いんだ」と執拗に繰り返し、Bさんのシャツをつかんで放しません。Bさんは、無我夢中でGさんを肩をつかんで押し倒していました。

Gさんは骨折し、転倒事故として処理されましたが、Bさんは施設を辞めました。

×××

事例解説

トラブルになった認知症の入所者が1人であれば、落ち着いて対応できるかもしれませんが、2人がかりでは理性が保てなくなるかもし

154

れません。まずは原因分析から行ってみましょう。

原因分析

① 夜勤が多くなり体調が悪かった

　体調が悪ければ、理性で感情をコントロールできなくなることが多くなります。もちろん、少しくらいの体調不良で欠勤するわけにはいきませんが、他の職員と協力して危機を回避することはできるかもしれません。職員の体調不良は虐待の大きな要因になっています。

② 夜勤帯に職員1人で2ユニット担当は無理がある

　ユニット型の特徴はユニットごとにスペースが区切られ密閉されていることです。隣のユニットで何が起きているかをうかがい知ることは難しいですから、緊張を強いられイライラしやすくなります。

③ 他の職員が声を掛けたのに断った

　せっかく他の職員が協力を申し出ているのに、何も頼みませんでした。体調不良などの悪条件があるときには、他の職員との協力関係が必要になります。

④ ナースコールがヘルパーステーションでしか取れない

　最近ではナースコールが手元で対応できるようになり、夜勤でのナースコール対応が楽になりました。本事故の悪条件の中には、このナースコール対応の負担が大きかったかもしれません。

155

事例編

⑤　入所者が突然騒ぎ出したときに無理に関わった

　認知症の入所者がBPSDなどで騒いだときに、これを鎮めようとして積極的に関わって行く職員が多くいます。職員が関わっても何も解決せずトラブルになることが多く、虐待の大きな原因になっています。

解決策

　夜勤帯に認知症の入所者への対応で起きるトラブルが原因の虐待事故が最も多いのですから、一定の対策を講じてルールなどを作らないといけません。本事故の防止対策を検討してみましょう。

①　夜勤が多くなり体調が悪かった

解決策▶夜勤が多くなれば健康に与える悪影響は多くなりますから、夜勤の多い職員の体調には管理者が注意を払い、健康状態を尋ねて絶えず管理しなければなりません。職員の体調不良は虐待の大きな要因になっていますから、本人が夜勤を希望しても、夜勤シフトは週2日など制限を設けることも重要です。

②　夜勤帯に職員1人で2ユニット担当は無理がある

解決策▶ユニット型の特別養護老人ホームや介護老人保健施設は、入所者の生活環境としては落ち着けてよいかもしれませんが、2ユニット担当は職員にとっては負担が大きいです。初めから夜勤業務の環境にマイナス条件があるのですから、職員がコミュニケーションを取りやすい仕組みや緊急時に援助を求めるルールなどを作るとよいでしょう。例えば、担当を持たない予備職員が定時に各夜勤現場を巡回するなどが有効です。

156

③ 他の職員が声を掛けたのに断った

解決策 ▶せっかく他の職員が「どんな様子か？」と聞いてくれたのに、「大丈夫」と答え、何も協力をお願いしませんでした。真面目な職員ほど他の職員に迷惑を掛けまいとして、頼ろうとしません。この無理が最悪の事態を招くのですから、積極的に声を掛け合うルールや仕組みを作っておきましょう。「今夜は体調良好ですか？」と声を掛ければ、協力を頼みやすくなります。

④ ナースコールがヘルパーステーションでしか取れない

解決策 ▶従来型のナースステーションでしか取れないナースコールでは、認知症の入所者への対応は無理が出ます。手元でナースコールが取れる設備を導入してください。もちろん、大きな費用がかかりますが、職員の負担軽減の効果は大変大きく職場環境は大きく改善します。

⑤ 入所者が突然騒ぎ出したときに無理に関わった

解決策 ▶入所者が突然騒ぎ出したときに無理に関われば、火に油を注ぐ結果になります。少しの間、こちらの姿を隠して様子をうかがい落ち着くのを待ってから対応するとよいでしょう。職員が関わらないで放っておいた方が、結果的にトラブルにならず落ち着くこともよくあるのです。放っておいたからといって、必ずケガをするわけでもありません。

「虐待が犯罪だとは考えていなかった」と語った職員

● 事例の概要
- 入職3カ月の男性職員Mさんが深夜の巡回中、認知症の入居者ともみ合いになり、暴力を振るった
- 入居者は顔面の打撲と大腿骨骨折と診断
- 施設長が家族に謝罪、市に虐待通報
- Mさんは介護の仕事を続けたいと言っているが、家族は激怒し、傷害罪で刑事告訴

● 事例

　ある介護付き有料老人ホームで虐待事件が起きました。入職して3カ月の男性職員Mさんが認知症の入居者に暴力を振るったのです。

　深夜Mさんが巡回していると、男性入居者が廊下を歩いていたので、居室に戻そうとすると激しく抵抗しました。激しくもみ合っているうちに、Mさんは我を忘れて「いい加減にしろ！」と言って、入居者の顔を殴りその場に押し倒しました。駆けつけてきた主任が入居者を抱き起こすと、入居者は鼻血を出しており立ち上がることができません。受診すると顔面の打撲と大腿骨骨折と診断されました。

　施設長は家族に深く謝罪し、市には虐待通報しました。

その後、施設長が入居者の息子さんに「本人はとても反省しており、"介護の仕事は好きだから続けたい"と言っている」と話しました。すると息子さんは、「こんなひどいケガをさせて、何を言ってるんだ！」と激怒し、警察に傷害罪で告訴しました。警察の取り調べを受けたMさんは「虐待が犯罪だとは考えていなかった」と語りました。

✳✳✳✳✳✳✳✳✳✳✳✳✳✳✳✳✳✳✳✳✳✳✳✳✳✳✳✳✳✳

事例解説

　認知症のある入居者に対し「我を忘れて」暴力を振るった職員Mさんの理性を失って虐待するケースに当たる事例です。理性を失ってしまった要因とその解決策については、事例1、2を参考に、読者のみなさんで考えてみていただき、ここでは、解説編の第1章でもご説明した「職員の認識」という視点からこの事例について考えてみたいと思います。

■職員研修が機能していない

　筆者は10年以上、介護職員向けの虐待防止の研修を続けていますが、以前から同じように驚かされるのは、職員が虐待についての基本的な知識を持っていないことです。虐待防止の研修と言えば、高い倫理観を持つために介護や福祉の崇高な理念を教育するという昔ながらの精神教育と、認知症ケアの研修です。

　筆者は研修の冒頭で、「みなさんが利用者を虐待すると高齢者虐待防止法によって罪に問われると思うか？」と聞きます。すると、ほとんどの職員が手を挙げます。高齢者虐待は犯罪であり、刑罰は刑法で定

事例編

めめられていることを知らないのです。数年前にある虐待事件の調査委員会のメンバーとして筆者が関わった若い職員は、「介護の仕事を続けたい」と言って、調査委員会の弁護士たちを驚かせました。

　犯罪の防止には刑罰が抑止力になります。職員をはじめから犯罪者扱いするつもりはありませんが、認知症の利用者への対応で理性を失いそうになった時、自分が虐待行為を行えば犯罪者になると知っていたら我に返って振り上げた腕を下ろすかもしれません。

　さて、筆者らが、職員研修の冒頭で詳しく説明している内容は、「どんな虐待行為が、どんな犯罪に該当し、どんな刑罰が科されるのか」ということです。研修修了時のアンケートでは、ほとんどの職員が「虐待にこんな厳しい刑罰があるとは知らなかった」と書いてきます。

■職員研修で重要な虐待行為の刑罰

　本書でも詳しく触れた通り、虐待行為への犯罪行為としての刑罰は大変重いです。「理性を失って、ついカッとなってしまった」では済まされず、職員は一生を棒に振るかもしれません。自分の業務に伴うリスクとこれに伴う罰則を知らずに、仕事をしているのは本人にとって不幸なことなのです。

　虐待行為は、被害者にとって重大な問題ですが、それにも増して加害行為を行った職員にとっても個人としての重大な不利益につながるのです。ルールが周知徹底できていない施設で働いて、重大な不利益を受けるのですが、この施設は職員にとって危険な施設「ブラック企業」なのかもしれません。

160

入所者に聞こえないように暴言を吐き、「虐待ではない」と言う職員

●事例の概要

- 暴言や暴力などのBPSDが強く、介護職員の対応が難しい入所者のJさん
- Jさんが雑誌を投げ飛ばす行動を繰り返した際に、感情的になり、暴言を吐く介護職員のDさん
- Dさんの言動を主任が指摘するが、「虐待ではない」とDさんは主張
- Dさんはその後、認知症の入所者が自分の思うようにならない場面で舌打ちをするようになり、他の職員もDさんをまね始める
- 介護職員のMさんが食事介助中に何度も食べこぼす認知症の入所者に対して、「おいおい」と繰り返すのを聞いた他の入所者の家族から、市に対して苦情申立て

●事例

　Jさんは特別養護老人ホームに入所している認知症が重い入所者です。身体の障害は重くありませんが、在宅時から暴言や暴力などのBPSDが強く介護職員の対応が難しい入所者です。特に大声で長時間繰り返す暴言に対しては、介護職員も冷静さを失いそうになることが

事例編

しばしばあります。

　ある日、デイルームでJさんがテーブルの上の雑誌を床に投げ飛ばしました。これを見ていた介護職員のDさんが、雑誌を拾ってテーブルに戻し「テーブルに置いといてね」と言いました。するとJさんはニヤニヤしながら、もう一度同じように雑誌を投げ飛ばしました。少しムッとしながらDさんがこれを取りに行って、テーブルに戻します。このようなやり取りが4回続いた後、Dさんが「いいかげんにしてよ」と言って、雑誌をテーブルにバシッと強く置きました。DさんがJさんに聞こえないように後ろを向いて「てめえ、覚えてろよ！」と低い声で言いました。主任はすぐにDさんに「あなた、今なんて言ったの」と咎めました。すると、Dさんは「俺は本人に向かって言ったわけじゃないですから、虐待ではないですよ。どこかで溜まった鬱憤を晴らさなきゃ、ストレスで死んじゃいますよ」と言うのです。主任は何も言い返せませんでした。

　この出来事の後、今度は、Dさんは認知症の入所者が自分の思うようにならない場面があると、必ず大きな声で「チッ」と舌打ちをするようになりました。他の職員もDさんをまねて、同様の場面で「あーあ」「えええ」などの独り言を堂々と言うようになりました。ある時、介護職員のMさんが、食事介助中に何度も食べこぼす認知症の入所者に対して、「おいおい」と何度も繰り返すのを聞いて、他の入所者の家族から「入所者を脅している、虐待じゃないか！」と市に対して苦情申立てがありました。

162

事例4　入所者に聞こえないように暴言を吐き、「虐待ではない」と言う職員

事例解説

　介護職員は、後ろを向いて捨て台詞のように汚い言葉で反抗し、憂さ晴らしをして何とか自分の気持ちを鎮めようとしたのでしょう。このような場面ではどんな職員でも大きなストレスを感じます。しかし、相手に聞こえなくても汚い言葉で鬱憤を晴らすような行為は絶対に許してはいけません。

■憂さ晴らしの暴言が職場に伝染

　たとえ相手に聞こえていなくても、汚い言葉は口にするだけでその人のモラルを下げると同時に、事例のような"秘密の憂さ晴らし"は必ず職場で伝染します。被害者意識を共有して憂さ晴らしが始まると、職場で不適切な言動が蔓延り、「不適切ケア→虐待」という土壌が出来上がります。では、このように「虐待ではない」と主張されたら、職場のリーダーはどのように対応したらよいのでしょうか？

■職員の不適切な言動に対して厳しく指導する

　職場のモラル低下を防ぐためには、職場のリーダーである主任の毅然とした指導が欠かせません。主任は次のように指導すべきでした。「たとえ相手に聞こえなくても、介護職員として言ってはいけない言葉なのです。他の入居者や職員が聞いたら虐待と受け取ります」と。

　そして、このような職場のモラルを損なうような職員の言動は、指導報告書として管理者に報告することを本人に知らせる必要があります。職場は自分だけが仕事をする場ではありません。多くの職員が働いているのですから、他の職員のモラルを下げる言動は厳しく正されることを、きちんと認識させる必要があります。

事例編

■不適切な言動の管理者への指導報告

　職場のリーダーが不適切な言動に対して指導したときは、必ず指導報告書を管理者に提出するようにします。介護職員の不適切なケアや不適切な言動は法人でルールを作って、本部にも逐一、報告書を上げなければなりません。管理者は、これらの指導報告書が同じ職員について何度も上がってくるようであれば、介護職員としての適性が低いと判断して、本部と協議して配置転換なども検討しなければなりません。ある法人では、不適切な言動の指導報告書を法人本部まで報告させて、法人主導で人事介入するようにしています。現場の管理者はいつも職員配置のやりくりで困っていて、不適性人材への厳正な対応が取りにくいからです。施設や事業所のモラルを高く維持するためには、組織で仕組みをつくって対応するようにしなければなりません。

164

入所者の顔写真を加工して楽しむ介護職員、「虐待だから処分しろ」と言う家族

●事例の概要

- 特別養護老人ホームの職員が入所者の写真を加工して笑っているのを見た入所者の息子Mさんが抗議
- Mさんは、この行為を虐待と主張し、市に持ち込むも、市は虐待認定できないと回答
- Mさんは家族会で問題にし、職員の懲戒処分を主張、施設側は法律や就業規則に違反していないので懲戒処分にはできないと回答
- Mさんの追及は収まらない

●事例

　特別養護老人ホームの屋外の喫煙所で、2人の若手職員がスマホを見せ合いながら笑っています。そこを入所者の息子Mさんが通りかかり、「何を見てるの？」とスマホをのぞき込みました。画像を見たMさんは血相を変えて「それ、うちの母親だろう！」と言います。「違います。○○さんじゃありませんよ」と言う職員のスマホには、アプリで顔が加工された女性入所者の写真が映っていました。Mさんがスマホを取り上げ施設長に抗議すると、施設長は「2人によく言って聞かせます」と答えます。しかし、Mさんは「これは虐待だ！」と言って、

スマホの画面を撮影して市に持ち込みました。

市では「虐待認定はできないが不適切な行為であり、コンプライアンスの徹底を指導する」と回答しましたが、Mさんは納得しません。今度は家族会で問題にして、「施設は不適切なケアがまん延している。職員を懲戒処分すべきだ」と主張します。

施設側は「法律や就業規則に違反したわけではないので、懲戒処分にはできない。コンプライアンス管理を徹底する」と回答しましたが、Mさんの追及は収まりません。

事例解説

市は「コンプライアンスを徹底するように指導する」と言い、施設は「コンプライアンス管理を徹底する」と言います。最近、このような明確に違法性が指摘できないようなケースで、頻繁に「コンプライアンス」という言葉が使われます。コンプライアンスとはどういう意味で、この施設は何をどう徹底するのでしょうか？

■コンプライアンス違反の行為とは何か？

「コンプライアンス」という言葉は通常「法令順守」と訳されますが、法令を守ることだけではありません。もっと広い意味で「法令順守も含め企業が自主的に企業倫理に沿った企業運営をすること」を意味します。

ですから、企業は社員が企業倫理に反する行為をしないように体制をつくり、社員には企業倫理に沿った行動を守らせなければなりませ

ん。ここで企業倫理とは企業に都合のよいものではなく、社会倫理に沿ったものであることは言うまでもありません。ですから、社員は法律に違反しなくても企業倫理や社会倫理から外れる行動をすれば、コンプライアンス違反となるのです。

整理すると次のようになります。

---

① 法律（法令）に違反する行為（刑法や条例に違反し罰則が科される）

② 他人の権利を侵害する行為（不法行為として賠償責任が発生する）

③ お客様との契約に違反する行為（債務不履行として賠償責任が発生する）

④ 就業規則など業務上の規律に違反する行為（懲戒処分の対象となる）社会倫理に反する行為（社会のモラルから外れる行為）

⑤ 介護の職業倫理に反する行為（不適切なケア・介護職員として不適切な行為）

ところで、本事例の職員が入所者の顔加工をした行為はどのコンプライアンス違反に当たるのでしょうか？　施設側では、「介護職員として不適切な行為」として⑤の行為として捉えているので、懲戒処分を行き過ぎと考えているようですが、これは間違いです。

人の容姿を本人の了解なく撮影する行為は、肖像権の侵害という人権侵害行為であり、不法行為となりますから、②に該当することになります。顔の加工方法が本人に侮辱的なやり方であり、多数の人の目に触れれば、刑法の侮辱罪で①該当するおそれもあります。

コンプライアンス違反のクレームは、過度の正義感に基づくクレームのように考える傾向がありますが、事業者はもっと慎重に違法性などをチェックしなければなりません。

事例編

　本事例で施設は、顔加工の方法が侮辱的かどうかを判断して、加工された画像がどこまで拡散したかを確認のうえ、本人と家族に報告して謝罪すべきだったのです。

■コンプライアンス研修とは

　さて、市から指導された「コンプライアンス管理の徹底」とは、具体的に何をしたらよいのでしょうか？

　「職員にコンプライアンスを守らせろ」と管理者に指導しても、コンプライアンスが何かをきちんと整理できている管理者は少ないので、前述の5種類のコンプライアンス違反行為を管理者に徹底しなければなりません。

①管理者研修

　管理者研修では事業者や職員個人に対する法的責任などについて教え、管理の徹底手法についてポイントを講義します。

> ○コンプライアンス管理の手法
> ・守るべきルールについて事例を交えて具体的に教える
> ・ルール違反に対する罰則を具体的に教える
> ・ルール違反に至った原因を分析しルール違反をなくす

②職員研修

　管理者研修の次に、職員には具体的な違反事例を示して研修を行う必要があります。筆者らは、介護サービス事業で重要なコンプライアンス違反の行為について、次のような具体的な事例を挙げて職

員研修を行い「やってはいけない行為」を説明しています。

○**職員研修で教えるコンプライアンス違反行為**

①虐待行為

　　高齢者虐待防止法で定義される虐待行為のほとんどが、刑法の犯罪に該当しますから「虐待行為は犯罪」と認識しなければなりません。

②身体拘束

　　不当な身体拘束は介護保険法に違反するだけでなく、悪質な場合刑法の逮捕監禁罪になることもあります。

③ルール違反などの悪質な事故

　　介護マニュアルの安全ルールに違反して、故意に危険な介助を行い、重大事故を起こせば、業務上過失致死傷罪として裁かれることもあります。

④契約違反

　　個人情報の漏えいなどお客様との契約に反する行為で損害が生じれば、その損害を施設・事業所が賠償しなければなりません。

⑤就業規則や服務規律違反

　　お客様に損害が発生しない行為でも、職員として業務上守らなければならない就業規則や服務規律に違反すれば、懲戒処分の対象となります。

⑥不適切なケア、不適切な言動

　　明確な虐待や身体拘束に至らない行為でも不適切なケアを行ってはいけませんし、介護職員として相応しくない不適切な言動も慎まなければなりません。介護職員には労働契約上の職務専念義務や企業秩序遵守義務があり、懲戒処分になることもあります。

入所者に坊主頭の被り物を載せて写真に撮った

●事例の概要
・特別養護老人ホームのクリスマス会で入所者に仮装をさせる企画
・職員のＡさんが認知症の男性入所者の頭に坊主頭の被り物を無理に載せ、他の職員が写真撮影
・これを見た他の入所者の家族が虐待として市に通報し、市は虐待と認定
・施設はＡさんに減給の懲戒処分、Ａさんは虐待ではないと主張し労働基準監督署に相談

●事例
　ある特別養護老人ホームのクリスマス会で、若手職員が企画を立て入所者に仮装をしてもらうことになりました。若手職員たちは仮装用具を借りてきて、入所者に着てもらい誰が一番ウケるか順位を付けます。

　デイサービスのレクリーダーも飛び入り参加して場を盛り上げます。盛り上がったはずみで職員のＡさんが、隣でキョトンとしていた認知症の男性入所者の頭に坊主頭の被り物を載せました。入所者は嫌がってすぐに被り物を取ってしまいましたが、職員は執拗にこれを頭に載

せ「早く、早く！　写真撮って！」と言って他の職員が写真に撮りました。これを見ていた他の入所者の家族が、「認知症の入所者を冒とくしている」と腹を立て、市に「認知症の入所者を虐待している」と通報しました。市は「認知症の入所者の人格を貶める行為は虐待である」として、虐待と認定しました。施設では虐待行為を行った職員を「減給」の懲戒処分としましたが、職員は「虐待ではないので懲戒処分は不当である」として労働基準監督署に相談に行きました。

✕✕✕✕✕✕✕✕✕✕✕✕✕✕✕✕✕✕✕✕✕✕✕✕✕✕✕✕✕✕✕✕✕✕

事例解説

　本事例では、認知症の入所者の頭に坊主頭のカツラをのせて写真を撮る行為を、市が「認知症の入所者の人格を貶める行為は虐待である」として、虐待認定をしています。しかし、職員側は「虐待ではないから、懲戒処分を不当である」と主張しています。どちらの主張が正しいのでしょうか。

■虐待行為と人格尊重義務違反

　本事例の職員の行為は厳密に言うと虐待行為ではなく、介護保険法上の人格尊重義務違反に該当しますから、施設が行政処分を受ける対象となります。職員の介護保険法の違反行為によって行政処分を受けるのですから、職員が懲戒処分になるのは仕方ありません。しかし、近年問題になっている悪ふざけ・悪ノリの虐待認定で共通するのは、「顔写真を撮影してSNSにあげる」という行為です。これらの行為は人格尊重義務違反以外にどのような規則に違反するのでしょうか？　こ

事例編

れらの行為がさまざまな規則に違反することを、介護職員にはきちん
と教育していかなければ、これらの不祥事は防ぐことができません。

■入所者の顔写真をSNS投稿するとどんな規則に反するのか?

①個人情報保護法に違反する

　本人の了解なく入所者の顔写真をSNSに投稿する行為は、個人情
報の漏えいに該当します。介護サービス事業者は、入所者の個人情
報の漏えいの防止措置を講じる義務があり、これを怠って個人情報
を漏えいすれば、事業者が個人情報保護法違反となります。

②人権侵害として不法行為となる

　本人の了解なく他人の容姿を撮影することは、人権侵害(プライ
バシーの侵害)として民法上の不法行為※となります。写真を投稿
しなくても「無断で写真を撮ること」だけでプライバシーの侵害と
なりますから、注意が必要です。

> ※民法第709条:故意又は過失によって他人の権利又は法律上保護される利益を侵害した
> 者は、これによって生じた損害を賠償する責任を負う。

③就業規則の懲戒事由に該当する

　通常どの法人の就業規則にも「懲戒規定」があり、どのような行
為が懲戒の対象となるのかが列挙されています。本事例のAさんの
行為は、次のような懲戒事由に該当する可能性があります。

- ・故意または過失により事故を起こし会社に損害を与えたとき
　　被害者から賠償請求されればこの事由に該当します。
- ・不法行為をして会社の信用を害したとき

172

他人の容姿を許可なく撮影する行為は不法行為とされます。

・会社の業務上の秘密を外部に漏えいしたとき

写真の投稿だけでなく文章による秘密の漏えいも対象となります。

・別途定める服務規律に違反したとき

服務規律に「会社の信用を損なう行為をしないこと」などが規定されていれば服務規律違反となります。

④契約違反で債務不履行となる

サービス利用の契約書には必ず「秘密保持※」という条項があり、これに違反すれば契約違反となり債務不履行として賠償請求されることがあります。

※次のような文言が書かれています。「サービスを提供する上で知り得た入所者及びその家族に関する秘密を正当な理由なく第三者に漏らしません」

■介護のプロとして働くことの責任

長年、介護職員として働いている人が本事例のAさんの行為を聞いたら、驚くに違いありません。Aさんの行為は、前述のような規定違反や罰則の知識以前に、介護のプロとしてやってはいけない当たり前のことだからです。職員不祥事が発生したときは、杓子定規に規定に違反するかどうかが問題となります。しかし、福祉の業界で働く人にとって、ハンディのある入所者の人権を尊重することは、職業倫理でありプロとしての使命であると考えなければなりません。

事例7

転倒回避のために腕を握ったらアザになり虐待の疑い

● 事例の概要
- 車椅子使用の男性入所者がトイレ介助中にバランスを崩し、介護職員が腕を強く握って転倒を防いだ
- 翌日、腕には紫色のアザができていたが、事故報告書は提出されなかった
- 面会に来た娘がアザを見つけて騒ぎ、事故報告書を求めたが、提出されていなかったため、家族は市に通報すると言った

● 事例

　Mさんは特別養護老人ホームに入所している、車椅子使用の84歳の男性です。認知症が重く職員が言うことはほとんど理解できません。ある日、介護職員がMさんのトイレ介助中に、便座に移乗しようとしてガクッと膝折れがしてバランスを崩しました。介護職員は慌てましたが、Mさんの右前腕の手首に近い部分を強く握ってしっかり支えたので転倒は回避しました。

　職員はMさんの腕の骨折を心配して、看護師を呼びましたが経過観察の指示を受けました。翌日、介護職員がMさんの腕を見ると、昨日、強く握った腕の部分が紫色のアザになっています。看護師には報告し

事例 7　転倒回避のために腕を握ったらアザになり虐待の疑い

ましたが、事故報告書は提出しませんでした。すると、夕食時に面会に来た娘さんがMさんの腕のアザを見つけて、「縛ったようなアザがある」と騒ぎ出しました。相談員が介護職員に事情を聴いて、「転倒回避のために腕を握ったことが原因」と説明しますが、「信用できない。事故報告書を見せなさい」と主張します。事故報告書も上がっておらず、証拠もありません。家族は市に通報すると言います。相談員は困ってしまいました。

✖✖

事例解説

　施設側は転倒を回避するために付いたアザと主張しましたが、受診していない上に家族連絡も入れていませんし、事故報告書も起票されていないために、家族から虐待を疑われた事例です。どのような問題点があったのでしょうか？

■ちょっとしたアザなので事故報告がない？

　「入所者の腕にアザが付いてしまった」という介助中の事故が発生したのに、家族連絡も事故報告がないのでは、「虐待ではないから信用してくれ」と言っても無理な話です。小さな傷やアザに対する疑惑でトラブルになるのは、家族連絡も事故報告書などの施設内の記録もないようなケースです。このような場合、家族は「隠ぺいしようとしたのではないか？」と考え、さらに虐待の疑いが深まるのです。

　ですから、どんな小さな傷やアザでも、迅速な家族連絡と詳細な事故状況の報告（記録）を徹底しなければなりません。発見直後から家

175

事例編

族の耳に入っていれば、その流れから家族は施設の主張に信ぴょう性があると感じるのです。

■証拠も記録もないから信用できない

　家族は施設内で発生したことを、施設側の報告でしか知りようがありません。不審な傷やアザと家族から指摘を受けたときに、説得力がある記録は看護記録です。本事例と同じく、ある施設で起きた「不審なアザ事件」では、詳細な看護記録と患部の写真で、次のようにして家族の納得を得ることができました。

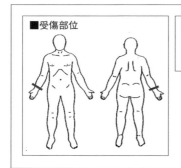

■証拠能力はなくても説得力があればよい

　看護師は「施設側の記録では証拠能力はないと思ったので出さなかった」と言いました。もちろん、裁判で争うような場合には、施設側の記録の証拠能力には疑問があるかもしれませんが、このような場面では、読んだ家族がその記録に信ぴょう性があると思ってくれればよいのです。事故報告書であれば「後で偽造したのかもしれない」などと疑惑を招くことも考えられますが、看護師の書いた看護記録と患部のデジカメ映像が保管されていると、家族の信頼度が高くなります。

176

事例8

持病の悪化で受診すると足のアザを医師が発見し虐待通報

● 事例の概要

・入所者Mさんの持病（糖尿病）の血液検査の数値が悪化し、地域の中核病院の専門医を受診
・Mさんの足に複数の内出血の痕があり、虐待の疑いがあるとして、医師が警察に通報
・市の介護保険課が施設内で調査を行い、虐待の疑いありと認定
・2カ月後、同じ内出血が再発し、他の病院で突発性血小板減少性紫斑病と診断

● 事例

　Mさん（70歳男性）は特別養護老人ホームに入所している要介護4の、自発動作が少ない認知症も重度の入所者です。一人息子が海外勤務のため施設には面会に来られず、Mさんのお姉さんが月に一度、面会に来ます。ある時、Mさんの持病の糖尿病の血液検査の数値が悪く、施設の嘱託医が地域の中核病院の専門医の受診手配をしました。Mさんのお姉さんに受診の同行をお願いしたところ、体調が悪く同行できないと言われ、相談員が同行することになりました。

　相談員が受診に同行すると、診察中に医師から「ちょっと話がある」

事例編

と相談員が呼ばれました。診察室に行くと医師が「虐待の疑いがある」と言いました。相談員は「まさか」と言って説明を聞きましたが、医師からの説明は次の通りでした。

「診察中にズボンをたくし上げたら、ふくらはぎにつねってできたような内出血が認められた。ズボンを脱がせると、両足に8カ所、まったく同じつねってできた内出血のアザがあり、暴行による傷害の疑いがある。医師はこのような場合、警察に届け出なければならない」と言うのです。

相談員の連絡で病院に駆けつけて来た施設長が医師に面談すると、入所者の足の内出血の写真を見せられ、警察に連絡したと言うのです。病院に来た警察官は施設長に、市の介護保険課に連絡してあるので、話をして欲しいと言いました。市の職員は施設内で調査を行い、報告するよう指示をしました。結局、虐待通報で虐待の疑いがあるとされ、真相は判明しないまま虐待認定されてしまいました。ところが、2カ月後に再び同じ内出血が起こり、他の病院で突発性血小板減少性紫斑病と診断されました。

実は、「つねったことによる内出血の痕」と断定されたものは、内部疾患によるものだったのです。疑惑は晴れましたが、大きなトラブルになり、大きな労力を費やすこととなってしまいました。

事例解説
虐待通報をされると、「疑い」のまま虐待認定されてしまうことがあります。本事例はその典型的な例と言えるでしょう。このような事態

178

事例8　持病の悪化で受診すると足のアザを医師が発見し虐待通報

を防ぐにはどのように対応すればよいのでしょうか？

■内科医の診断も「虐待の疑い」でしかない

　医師の通報で警察が介入すると、施設側での原因調査などができないと考えてしまいますが、そんなことはありません。医師から警察に虐待通報されれば、冷静な施設長であっても「虐待は事実かもしれない」と考えてしまいがちです。しかし、通報については医師も一般市民と同様「虐待の疑いだけで通報義務がある」とされており、証拠は必要ありません。ただ、虐待による傷害の通報を怠って重大な被害につながれば、医師としてのモラルを問われますから、医師自身は一般人よりは通報義務は重いと考えているでしょう。

　ですから、内科医が内出血に対して虐待を疑って通報しても、医師が虐待を認定したわけではありませんし、暴行による傷害と診断したわけでもありません。医師からの通報であっても、施設としては、虐待行為が行われていないかを調査すると同時に、本当に虐待による内出血であるかどうかを専門医などに依頼して確認すべきなのです。なぜなら、虐待通報をした医師も通報を受けた市の職員も、虐待が事実かどうかを最後まで調べて結論を出してくれるわけではないからです。「虐待の疑いあり」として施設に調査を押し付けたまま施設が反証を挙げなければ、虐待認定をされてしまう可能性もあるのです。

■疾患性の内出血の診断は難しい

　では、本事例で施設はどのように対応したらよかったのでしょうか？まず、外科の医師に依頼して、外傷性の内出血であるか意見を求めます。外科医でもわからないことはたくさんありますから、疾患性の内

179

事例編

出血の受診科目を探さなければなりません。一般に疾患性の内出血で
あれば、血液の疾患と血管の疾患があり得ますから、血液内科若しく
は血管内科が受診科目ということになります。

　このような特殊な受診科目は大学病院や地域の中核病院にしかあり
ません。本事例では、入所者が地域の中核病院を受診しているのです
から、この病院の他の受診科目を受診して判断を仰げばよかったので
す。

10日間のうちに2回も骨折、「わざと転ばせている」と苦情申立て

● 事例の概要
- Hさんは、夫の死後、判断力が怪しくなり、娘が対応に困る行動が増えたため、グループホームに入所
- 入所後、Hさんは奇行を示し始め、左手の小指を骨折
- その10日後、整理だんすによじ登り、左足首を骨折
- これらの事故状況を娘に報告したが、ホームが嘘をついていると市に苦情申立て

● 事例

　Hさん（74歳女性）は夫と一人娘と3人で暮らしていましたが、夫が亡くなり引きこもるようになってから、少し判断力が怪しくなってきました。娘さんが献身的に面倒を見ていましたが、1年前くらいから娘さんも対応に困ることが度々あり、グループホームに入所することになりました。入所前には「静かで大人しい性格」と聞いていましたが、入所の1週間後から奇行が始まりました。

　ダイニングの照明を「お月さんがきれい」と言って、椅子の上で立ち上がり転落しそうになり、次はテーブルの上に乗りました。施設では娘さんに知らせるかどうか迷いましたが、「思い入れの強い娘さんだ

事例編

から心配するだろうし、知らせても仕方がない」と言って、一切知らせませんでした。ところがその後、Hさんは居室のベッドに椅子を載せ、そこに上って転落し、左手の小指を骨折しました。ホームでは娘さんに事故状況を報告しましたが、「慎重な母がそんなことをするわけがない」と否定的です。

そして、その10日後には、居室の整理だんすによじ登って転落し、左足首を骨折しました。引き出しを階段のように引き出して登り、落ちたのです。娘さんにありのままを報告すると「そんなことができるわけがない。ホームは嘘をついている、きっと転ばせたに違いない」と市に苦情申立てをしました。

✕✕✕✕✕✕✕✕✕✕✕✕✕✕✕✕✕✕✕✕✕✕✕✕✕✕✕✕✕✕✕✕

事例解説

施設入所を機に危険な行動をするようになった、そのことが家族に伝わっておらず、ケガを虐待と疑われてしまった事例です。このような事態とならないために、施設として日ごろからどのようなことに注意する必要があるのでしょうか？

■Hさんの危険行動の原因は何か？

認知症のある人は施設入所後にその行動が急激に変化したり、認知症が急に悪化したりすることがあります。原因は、生活環境や生活習慣の急激な変化であると言われます。ですから、入所当初は生活環境を居宅に合わせ、従来の生活習慣も大事にしなければなりません。しかし、どんなに居宅での生活に合わせようとしても限界がありますか

ら、本事例のような信じられない行動変化が起きることがあります。

　なぜHさんはベッドの上に椅子を載せて上ったり、たんすによじ登ったりしたのでしょうか？　後でわかったことですが、Hさんの「よじ登り」の原因は、このホームの照明にあったようです。このホームでは、入所者が落ち着くようにと照明に暖色（黄色）の照明を使っていたのです。Hさんは「お月さんがきれい」と何度も言っていたそうですから、この"お月さん"を自分の手で取ろうとして椅子などの高いところによじ登ったのかもしれません。もっと早くHさんの行動の理由がわかれば、部屋の照明を他の色のものに換えるなどの対策によって、この危険な「よじ登り」による事故は防げたかもしれません。

■家族に伝える工夫が必要

　このように、認知症が急激に進んで生活行動にさまざまな問題が発生したとき、施設は家族の拒否反応を心配して、ありのままに伝えようとしません。本事例のように、家族のショックを心配して遠慮することもありますし、認知症の悪化が施設のケアのせいだと思われたくないことも1つの要因です。ありのままに伝えても家族が受け入れてくれる保証もありません。

　トイレの明り取りの高い窓によじ登って、施設を抜け出す体力のある男性入所者がいました。ある時、近所からホームに電話があり、「お宅の入所者が外の木に登っているよ」と言われ庭の木を見ると、例の男性入所者が木にぶら下がっています。なんと、トイレの窓から脱出して、木の枝に登ってしまったのです。

　家族にありのままを報告しましたが信じてもらえず、その上「何かを隠すために嘘をついているのだろう」と勘ぐられて、誤解を解くの

183

が容易ではありませんでした。

　家族は、信じられない行動をしたと報告を受けると、驚くと同時に不信感につながることもしばしばありますので、施設は伝え方にも工夫が必要です。では、どのように家族に伝えたらよいのでしょうか？

■危険行動は家族に詳しく伝える

　家族に伝えることが憚（はばか）られるような行為については、家族の精神的なショックに配慮してやんわりと伝えることが必要かもしれませんが、事故につながる危険な行為については、きちんと伝えなければなりません。事故の危険を伝えるには、伝え方の工夫が必要です。事故の危険だけを伝えても家族は受け入れてくれませんから、事故を防ぐ方法を相談するとよいでしょう。

　危険な行動が発生してからでは相談しにくいですから、入所前にその人の生活行動が変化することを想定して、「入所当初は生活環境に慣れないため、居宅で見られなかったような行動が出て、事故につながることがあります。事故を防ぐためにはご家族の協力が必要です」と家族に協力をお願いすれば、家族も受け入れてくれます。

　以前、周囲にほとんど人家のない静かな環境のグループホームに入所した人が、毎晩落ち着かずに徘徊しホームを抜け出そうとすることがありました。行方不明事故が起きる前に対策を講じなくてはなりませんが、徘徊する理由がなかなかわかりません。

　家族と何度も検討した結果、この入所者は長年、賑やかな商店街の店舗の２階で暮らしていたため、夜中に静まり返るホームの環境が怖いのかもしれない、ということになりました。以前のケアマネジャーにお願いして、比較的賑やかな（夜も明るい）繁華街の近くのグルー

プホームに体験入所させてもらったら、生活が落ち着きました。このように、家族の情報から入所者の行動の原因が理解できることもありますから、積極的に相談を持ちかけるべきなのです。

■動画の効果は絶大

前述のように、家族への働きかけによって問題解決のきっかけがつかめることもあります。Hさんの場合も、高い所へよじ登る原因を家族にもっと早く相談すべきだったのです。次のように、入所者の危険な行為を動画に撮影して、家族にリアルに伝えて解決策を相談している施設もあります。

---

① 入所者の危険な行為を発見したときはできる限りスマホなどで、動画に撮ってその危険行為の原因を分析する。
② 対策を検討した後、その動画の映像も家族に見せて原因と対策を説明する。

ある入所者が高さ80センチ以上もある窓から外に飛び出そうとして、職員がぎりぎりのところでこれを制止しました。他の職員がスマホで動画を撮影していましたので、家族に相談を持ちかけました。動画をよく見ると入所者が何かつぶやいています。「あたしゃ、こんな狭い家は嫌だ、広いとこに住むんだ」と言っていました。家族は少し笑いながら「お母さんだって、そんな大きな家に住んでたわけじゃないのにね」と。認知症の入所者には奇怪な行動がありますが、理由を知れば頷けるものばかりです。家族と認識を共有することで、トラブルを避けられることもあります。

入所者から主任に職員を名指しで「はたかれた」と虐待の訴え

● **事例の概要**

- 特別養護老人ホームで、軽度認知症の女性入所者Sさんが職員Mさんからの虐待を訴える事件が発生。Sさんは顎に赤みがあることを示し、Mさんが自分をはたいたと主張
- Mさんは、虐待を否定し、Sさんが自分でぶつけたのを誤解している可能性を示唆
- 施設長は主任と相談員との間で対応を相談するも、主任はすぐに虐待の通報を、相談員は家族との話し合いを提案し、対応方針が決まらない状況に
- 娘がSさん本人からその話を聞き、施設長に被害を訴え、施設が虐待を隠そうとしていると市に通報

● **事例**

　ある特別養護老人ホームで職員の虐待を訴える事件が起きました。軽度認知症の女性入所者Sさんが「Mにはたかれた、見ろ、はたかれた痕や」と顎を示して、職員を名指しで主任に訴えてきたのです。確かに顎に少し赤みがかった痕らしきものがあります。Mさん（男性）は日頃から言葉遣いやふるまいに少し問題があったため、主任は「も

しかしたら」と考え、すぐに施設長に相談しました。

　施設長はすぐにMさんを呼んで、「Sさんが"Mにはたかれた"と言っている。顎に痕も付いている。どうなんだ？」と問いただしました。Mさんは「虐待なんてするわけがありません。Sさんは認知症がありますから、自分でぶつけたのを勘違いしているんじゃないですか？」と否定します。

　施設長は主任と相談員を呼んで対応を相談しました。主任は「Mさんは荒っぽい性格だから虐待の疑いがある。すぐに通報すべきだ」と言います。相談員は「認知症のある人の訴えを信じるわけにはいかない。家族と話し合って対応すべきだ」と言います。施設長は「証拠もないのに虐待と決めつけるわけにもいかない」と対応方針が決まりません。

　このように施設長室で相談をしていると、面会に来た娘さんがSさんの訴えを聞き施設長室にやってきました。「母が"職員にはたかれた"と言っている。虐待じゃないか！」と大変な剣幕です。施設長が「今、職員に事情を聴いていますので」と言うと、娘さんは「母は多少、認知症はあるけど、大事なことを間違えたりしない。本人がMだと言っているんだから間違いない」と主張します。娘さんは自ら市に虐待通報し「施設は虐待を隠そうとしている」と言いました。

⚜⚜⚜⚜⚜⚜⚜⚜⚜⚜⚜⚜⚜⚜⚜⚜⚜⚜⚜⚜⚜⚜⚜⚜⚜⚜⚜⚜⚜⚜⚜⚜

事例解説

　軽度認知症の入所者が職員の虐待を訴えている事例です。本人からの訴えを施設で把握していながら、「家族からの虐待通報」という最悪

事例編

の事態になってしまいました。では、虐待の訴えがあった直後にどの
ような対応をするべきだったのでしょうか？

■なぜ、虐待通報されたのか？

　本事例のような場合、重要なことは「迅速な事実確認と家族連絡」
です。まずは迅速に事実確認を行わなければなりません。訴えがあっ
た時点で、施設長が直接、入所者と職員の双方から詳しく事情を聴き、
口頭で家族に連絡します。本事例のように、対応を相談してモタモタ
していると、本人が面会に来た家族に訴えてしまいます。家族は施設
からの報告よりも先に本人の訴えを聞けば、「なぜすぐに家族に報告し
ないのか？　隠そうとしているのだろう」と隠ぺい工作を疑います。
家族には訴えがあったことを迅速に連絡しなければなりません。

　次に、入所者と職員の双方から聞き取った記録を家族に示して説明
し、施設としての対応方針を説明します。虐待の疑いへの対応で最も
重要なポイントは、この施設の対応方針をていねいに説明することで
す。施設の対応方針を家族が納得すれば、対応方針通りに調査などの
対応を進めていきますが、市にも連絡を入れておきます。家族と協議
した対応方針を書面で送り、調査結果について報告すると連絡します。
家族には施設が隠すことなく公明正大な対応を行うことを理解しても
らえば、当面、大きな混乱は避けられます。

■虐待の訴えに対する対応手順はあらかじめ決めておく

　どの施設・事業所でも入所者や利用者からの虐待の訴えが起こるこ
とは考えられますが、このときの対応を決めている施設・事業所はほ
とんどありません。そうすると、本事例のように、訴えの直後にモタ

188

モタして、適切な対応ができなくなってしまいますから、あらかじめ
対応手順を決めておく必要があります（解説編第3章を参照）。

　本事例の対応手順を次の通りまとめましたので、参考にしてください。

①訴えの直後に入所者、職員双方から事実を聴き取り、記録する
　訴えの信ぴょう性を評価する必要はありませんから10分程度で
迅速に行います。

②他の職員や入所者などから目撃情報などを聴き取り記録する
　その場に居合わせた職員や他の入所者などにも、心当たりがない
かを確認します。

③入所者と職員への聞き取り後、速やかに家族に連絡
　「入所者から職員による虐待の訴えがあり、これから調査などの
対応を行うので、対応方針を説明したい」と連絡します。

④入所者と職員の聴取記録から被害事実の信ぴょう性について家族と
協議
　たとえ認知症があっても、被害の訴えが事実である可能性は高い
ので、訴えの信ぴょう性の評価は家族の判断に従う。

⑤被害事実の可能性が高いと判断すれば、事故と虐待の両面から調査
　"職員の手がぶつかった"という事故を、入所者が虐待と誤解す
るケースはよくありますから、虐待の有無だけではなく事故事実を
綿密に調査します。

⑥役所や警察への通報について説明
　施設で調査を行って虐待の事実が判明すれば、施設から市や警察
に虐待通報をしますが、現時点では市に連絡を入れ「随時報告を入
れます」と説明します。

事例編

⑦疑惑のある職員の処遇について説明

　　当面は被害を訴えている入所者の不安に配慮し、虐待疑惑のある
　職員の職場を変更します。
⑧調査の期間は３日〜５日程度として調査を行い施設の判断を家族に
　伝える

　　必要な調査を行い、職員による虐待の可能性を家族に報告します。
　虐待の可能性が極めて高い場合は、証拠がなくても「虐待の事実が
　あった」と判断して報告します。
⑨虐待と判断した場合は役所に報告し、場合によっては警察にも通報

　　市への報告は施設の義務であり、警察への刑事告発は家族の判断
　であることを家族にはきちんと説明しておきます。
⑩虐待の事実が判明した場合は、職員の懲戒処分を行い家族に説明

　　法人の懲戒規程に則って適切に行うことを説明する。

■虐待の事実が確認できなかったら

　施設では入所者と職員の聴取記録や、他の職員や入所者への聞き取
り、また日頃の職員の勤務態度や過去の賞罰などを調査し、最終的な
結論を出します。職員が虐待の事実を認めればすぐに決着しますが、
ほとんどの場合、職員は否定しますから、実際はそれほど簡単ではあ
りません。

　たとえ、職員が否定しても、客観的に判断して虐待の可能性が極め
て高いと判断されれば、施設は虐待が発生したと判断して家族に説明
し、通報などの対応を行わなければなりません。施設から警察に職員
を刑事告発することもあります。

　では、虐待の可能性が極めて高く、職員が頑強に否定したらどうす

事例 10　入所者から主任に職員を名指しで「はたかれた」と虐待の訴え

ればよいでしょうか？　証拠もないのに懲戒処分にすれば、懲戒権の濫用として、労働者への人権侵害となりますから、注意が必要です。多くの場合、懲戒処分を行わずに他の職場に異動ということが考えられます。

事例11

市の介護保険課から「虐待の通報があった」と電話

● **事例の概要**
- 介護付き有料老人ホームの入居者であるYさんが「殴られた」と主張し、市の介護保険課から施設長に問い合わせ
- 看護師がYさんの目の周りの内出血を発見、介護職員からはYさんが前夜に多動していたとの報告
- 主任はYさんの主張は統合失調症の薬の影響であり、自身で転倒してぶつけた可能性が高いと説明
- 通報者と思われる看護師を問いただすと、その看護師は通報を認め、1カ月後に施設を辞めた

● **事例**

　ある日、介護付き有料老人ホームの施設長に、市の介護保険課から電話が入りました。「金曜日夜間に〇〇号室のYさんに事故が発生した、と通報があった。本人は『殴られた』と言っている。状況を詳しく教えてほしい」という内容でした。施設長がすぐにYさんの事故について調べると、次のことがわかりました。
　　・土曜日の朝、看護師がYさんの目の周りに内出血を発見し、問診をすると「誰かに殴られた」と答えた。

・看護師が介護職員に問いただすと「前夜、多動な様子があり、何度も廊下に這いずって出て来た」と答える。

・看護師が主任に「調べなくてよいのか？」と問いただすと、「統合失調症の薬のせいでしょ、いつものことだから」と言った。

施設長は主任を呼び、前日のYさんの様子を聞くと「"殴られた"というのは統合失調症の薬のせいで、事実ではない。何度も転倒している人なので自分でぶつけたのだろう」と答えました。また、通報したのは看護師であると考え、本人に問いただすと通報を認めました。看護師は1カ月後に施設を辞めてしまいました。

事例解説

「入居者Yさんが殴られたと通報があった。調べて報告するように」と市から連絡が入った事例です。このような場合、どのように対応すればよいのでしょうか？

■役所から虐待の事実を指摘されたら

入居者や家族からの施設に対する虐待の指摘ではなく、第三者が役所などの関係機関に通報することがあります。施設内部の職員が役所に直接、通報する例も起きています。多くの場合、突然、役所から、「あなたの施設での虐待行為について通報がありました」と連絡が来るので、施設管理者は対応に面食らってしまいます。ですから、役所に通報されたときの対応についても対応を決めておかなければなりません（解説編第3章を参照）。

事例編

■市に通報があった場合の対応手順

本事例の対応手順を次の通りまとめましたので、参考にしてくださ
い。

①役所への対応方針の説明

　　役所に対しては次のように対応する旨を口頭で説明し、必ず文書
でも提出しておきます（FAX でよい）。

　　本人への訴えの聴取（録音と記録）➡家族連絡の上、対応方針を
説明➡市に対する対応も説明➡職員への聴取などの調査の実施➡調
査を踏まえた最終的な判断➡調査結果の家族への説明➡虐待の事実
があれば職員への懲戒処分➡市への報告

②家族連絡と対応方針の説明

　　家族に来所してもらい、市に通報があったことを説明し、市に伝
えた対応方針を説明します。市には了解を取っていると説明して安
心してもらいます。

③該当職場の職員への説明

　　市への通報があったことを伝え、調査を行うことを伝えます。内
部通報者に対する詮索はしないことを明言します。

④入居者から事実を聴き取り、記録

　　訴えの信ぴょう性を評価する必要はありませんから 10 分程度で
迅速に行います。できれば録音しておきます。

⑤他の職員や入居者などから目撃情報などを聴き取り、記録

　　その場に居合わせた職員や他の入居者などにも、心当たりがない
かを確認します。

⑥服薬の影響について専門家の意見を聞く

　　虐待通報の事実を医師に伝え、統合失調症薬による幻覚などの作

194

用について医師から意見を聞いて記録します。

⑦**入居者聴取記録から被害事実の信ぴょう性について家族と協議**

　認知症や精神疾患があっても、被害の訴えが事実である可能性があるので、訴えの信ぴょう性の評価は家族と一緒に慎重に行います。家族が「信ぴょう性がない」と断言しても調査は行います。

⑧**調査の期間は３日〜５日程度として調査を行い施設の判断を家族に伝える**

　必要な調査を行い職員による虐待の可能性を家族に報告します。

⑨**虐待と判断した場合は役所に報告し、場合によっては警察にも通報**

　市への報告は施設の義務であり、警察への刑事告発は家族の判断であることを家族にはきちんと説明しておきます。

⑩**虐待の事実が判明したときは、職員の懲戒処分を行い、家族に説明**

　法人の懲戒規程に則って適切に行うことを説明します。

「職員からの虐待」という
メールによる匿名の告発クレーム

● **事例の概要**
- 介護付き有料老人ホームに匿名のクレームが送られ、特定の職員が入居者に対して暴言を吐いたとの告発があった
- 本社は担当役員に報告し、告発者の特定と職員への事情聴取を行ったが、告発者の特定はできず、職員は虐待を否定した
- 半月ほど調査したが虐待の事実は特定できず、匿名の告発に対応できないとして調査は終了した
- その後、市役所にも同じ内容の匿名の虐待通報があり、録音データが添付されていた
- さらに、有料老人ホームの紹介サイトにも告発内容が書き込まれ、会社は大きなダメージを受けた

● **事例**

　ある日、ある介護付き有料老人ホーム運営事業者のホームページの「お問い合わせメール」を通じて、匿名のクレームが送られてきました。ある職員を名指しで、入居者に対する5件の暴言が直接話法でリアルに、しかもかなりの長文で記述されており、「この職員による虐待を改善せよ」とありました。メールの終わりには「証拠があるので公

事例 12 「職員からの虐待」というメールによる匿名の告発クレーム

表する用意がある」と記されていました。発信者は「山田花子」とありますが、家族に該当者はないので明らかに偽名です。

　本社のスタッフはすぐに担当役員に報告し、対応策を検討することになりました。担当役員は、告発者が誰か調査し名指しされた職員にも事情聴取するよう指示しました。告発者はメールアドレスからはわからず、施設長も心当たりはありませんでした。また、名指しされた職員への聞き取り調査も行われましたが、本人は頑強に否定しました。半月ほど調査しましたが、虐待の事実も特定できないため、「匿名の告発では対応のしようがない」として、そのままになりました。その後、市役所に同じ内容の匿名の虐待通報があり録音データも添付されていました。また、有料老人ホームの紹介サイトにも書き込まれ、会社は致命的な痛手を受けました。

✕✕✕✕✕✕✕✕✕✕✕✕✕✕✕✕✕✕✕✕✕✕✕✕✕✕✕✕✕✕✕✕✕✕

事例解説

　匿名で虐待の疑いを告発してくるクレームの事例です。匿名の告発に対する対応は、通常のクレームとは異なり、特別な工夫が必要です。特に、内容が職員の虐待行為に関わる場合、その対応はさらに難しくなります。どのように対応すればよいのでしょうか？

■匿名のクレーム対する対応手順

　クレームが発生した場合、どの法人でも次の2つの対応を行います。

① 　クレームの申立者が満足するようできる限り意向に沿う対応に努める。

197

事例編

② クレーム発生の原因を調査し落ち度があれば改善する。

どちらも間違いではありません。しかし、本事例の場合、申立者が匿名のクレームであることと、内容が職員の虐待行為に関わることですから、通常のクレームとは対応が異なり少し工夫が必要になります。

まず、申立者が匿名ですから申立者から詳しい事実確認を行うことはできませんし、たとえクレームの原因が事実で改善が可能でも改善状況を伝える手段がありません。また、本事例のように、匿名であることを理由に「信ぴょう性のない訴え」「無責任な訴え」であると判断して、対応すべきではない（無視する）という対応方針もあり得ます。実際に、ある自治体では施設とフロアを特定した匿名の虐待告発が複数発生し、悪意の中傷告発である可能性が高いとわかっていても対応に苦慮しています。

次に、「虐待の疑い」というクレームではそのほとんどが、調査をしても、本人が告白しない限り虐待の事実を確定することができません。当然、本人を処罰したり、会社が虐待の事実を認めて被害者に謝罪したりするという対応も困難です。

では、本事例の会社の対応は間違っていなかったのでしょうか？　職員の事情聴取以外に対応方法はなかったのでしょうか？

■告発者の特定や本人の調査に意味はない

本事例では、匿名の告発メールの発信者を調査したり、告発された職員の聞き取り調査などに時間を費やしたりしていますが、この対応に意味はありません。心当たりの家族がいても、告発者かどうか確認するわけにはいきませんし、名指しされた職員に告発内容を確認しても、本人が否定すれば、それ以上の対応は不可能だからです。

事例 12 「職員からの虐待」というメールによる匿名の告発クレーム

　問題は、匿名の発信者の職員の暴言に対する改善要求に、どのように対応すればよいか、なのです。対応を誤れば、暴言の録音を公表されるかもしれませんし、老人ホーム紹介会社のサイトに書き込まれれば、経営危機となるかもしれません。

■告発内容が事実かどうか判断する

　この匿名のクレームへの対応で重要なことは、この告発クレームが事実かどうかを経営者自身が判断することです。事実である可能性が高いと判断すれば、改善の対応をしなくてはなりませんし、事実でないと判断すれば一切の対応は不要で無視すればよいのです。

　本事例の場合、暴言が直接話法でリアルに、しかも長文で書かれていますから、「録音した音声をもとに書かれており、告発内容は事実である」と判断してよいでしょう。事実と判断すれば、告発された本人が否定しても、事実であるという前提で改善の対応をしなければなりません。証拠がありませんから本人を懲戒処分にしたり、虐待通報したりするわけにはいきません。では、どのように対応したらよいのでしょうか？

■具体的な改善の対応

　職員本人には、「"あなたが虐待に該当する暴言を吐いた"という匿名のクレームがあり、会社としては事実であると判断しました。証拠があるわけではないので、一切処分はありません」と話します。

　次に、名指しされた職員に不利益がないように配慮した上で、施設の掲示板に謝罪文を貼り出します。謝罪文は次のような趣旨で作成します。「職員の言動が不適切であるとのご家族からのご指摘をいただき

199

事例編

ましたので、謝罪申し上げます。施設として改善の対応を行いましたので、ここに報告させていただきます」と、できる限り具体的な改善内容を明記します。

　このような対応で、本事例のような役所への虐待通報が避けられるかどうかはわかりませんが、会社として責任ある対応をしたことにはなるでしょう。

入居者・ご家族のみなさまへ、

　　　　　　　　　　　　　　　有料老人ホーム○○
　　　　　　　　　　　　　　　施設長○○

　　　　ご入居者のご家族様からのご指摘に対するお詫び

　先般本ホームの入居者様のご家族様より、「職員の入居者に対する発言が不適切である」という厳しいご指摘をいただきました。小職自ら調査をいたしましたが、明確な不適切発言を確認することはできませんでした。一方で他の調査からは、「一部の職員にそのような発言があるかもしれない」という結果もございました。
　施設管理者として今回のご家族様からのご指摘は重大であると受け止め、入居者様に対する職員の言葉遣いや対応について厳重に指導いたしました。ご指摘をいただきましたご家族様に感謝申し上げると共に、指導の至らなかったことをお詫び申し上げます。
　当施設では、今後とも入居者様へのサービス力の向上に努めて参りますので、引き続きご指導のほどよろしくお願い申し上げます。

200

著者紹介

山田　滋（やまだ　しげる）
株式会社安全な介護　代表

早稲田大学法学部卒業。現あいおいニッセイ同和損害保険株式会社、
MS＆ADインターリスク総研株式会社を経て2013年より現職。
介護現場で積み上げた実践に基づくリスクマネジメントの方法論は、
「わかりやすく実践的」と好評。各種団体や施設の要請により年間150
回のセミナーをこなす。
著書に『安全な介護』（ブリコラージュ）、『完全図解　介護リスクマネ
ジメント（事故防止編／トラブル対策編)』（講談社）、『炎上させない
介護トラブル対応パーフェクトガイド』（日経ヘルスケア）など多数。

サービス・インフォメーション
───── 通話無料 ─────

①商品に関するご照会・お申込みのご依頼
　　　　TEL 0120(203)694／FAX 0120(302)640
②ご住所・ご名義等各種変更のご連絡
　　　　TEL 0120(203)696／FAX 0120(202)974
③請求・お支払いに関するご照会・ご要望
　　　　TEL 0120(203)695／FAX 0120(202)973

●フリーダイヤル(TEL)の受付時間は、土・日・祝日を除く
　9:00～17:30です。
●FAXは24時間受け付けておりますので、あわせてご利用ください。

発生要因別でズバリ解説！すぐ取り組める
介護施設・事業所の虐待防止対策ブック
—発生させない体制づくりから虐待を疑われないための
日常対応のポイントまで—

2025年2月25日　　初版発行

著　者　　山　田　　　滋

発行者　　田　中　英　弥

発行所　　第一法規株式会社
　　　　　〒107-8560　東京都港区南青山2-11-17
　　　　　ホームページ　https://www.daiichihoki.co.jp/

装　丁　　安　藤　剛　史
装　画　　千　葉　智　江

介護虐待対策　ISBN978-4-474-04792-1　C2036　（8）